ぷらべん

88歳の星空案内人
河原郁夫

冨岡一成 著

旬報社

河原郁夫氏（かわさき宙と緑の科学館プラネタリウムにて）

もくじ

カバーイラスト　峰岸 達
本文イラスト　高安恭ノ介

ぷらべん

88歳の星空案内人

河原郁夫

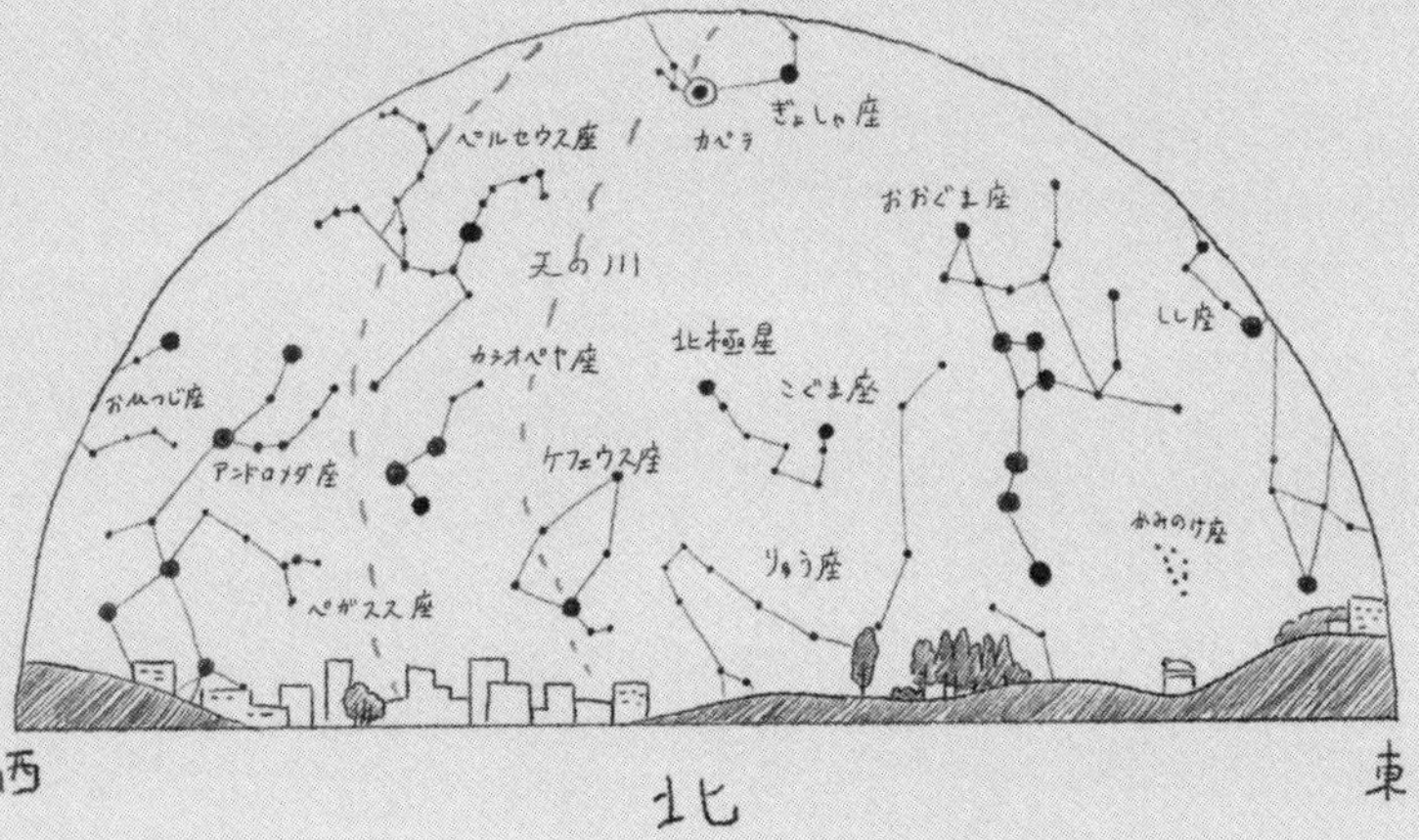

▲北の夜空

冬の話題　～赤い星・青い星～

冬がくると人は家に閉じこもるのに　星好きはそわそわしています。なぜなら　寒い季節こそ星がいちばんうつくしいからです。

空気が澄んで　星がくっきりと見えますね。夜空でとくに明るい二十個あまりの星を一等星といいます。冬の夜空には　そのうち八個も顔をそろえているのです。

オリオン座のベテルギウスとリゲル　おうし座のアルデバラン　おおいぬ座のシリウス　こいぬ座のプロキオン　ふたご座のポルックス　ぎょしゃ座のカペラ　そして関東より南では　地平線近くに　りゅうこつ座のカノープスが見えています。

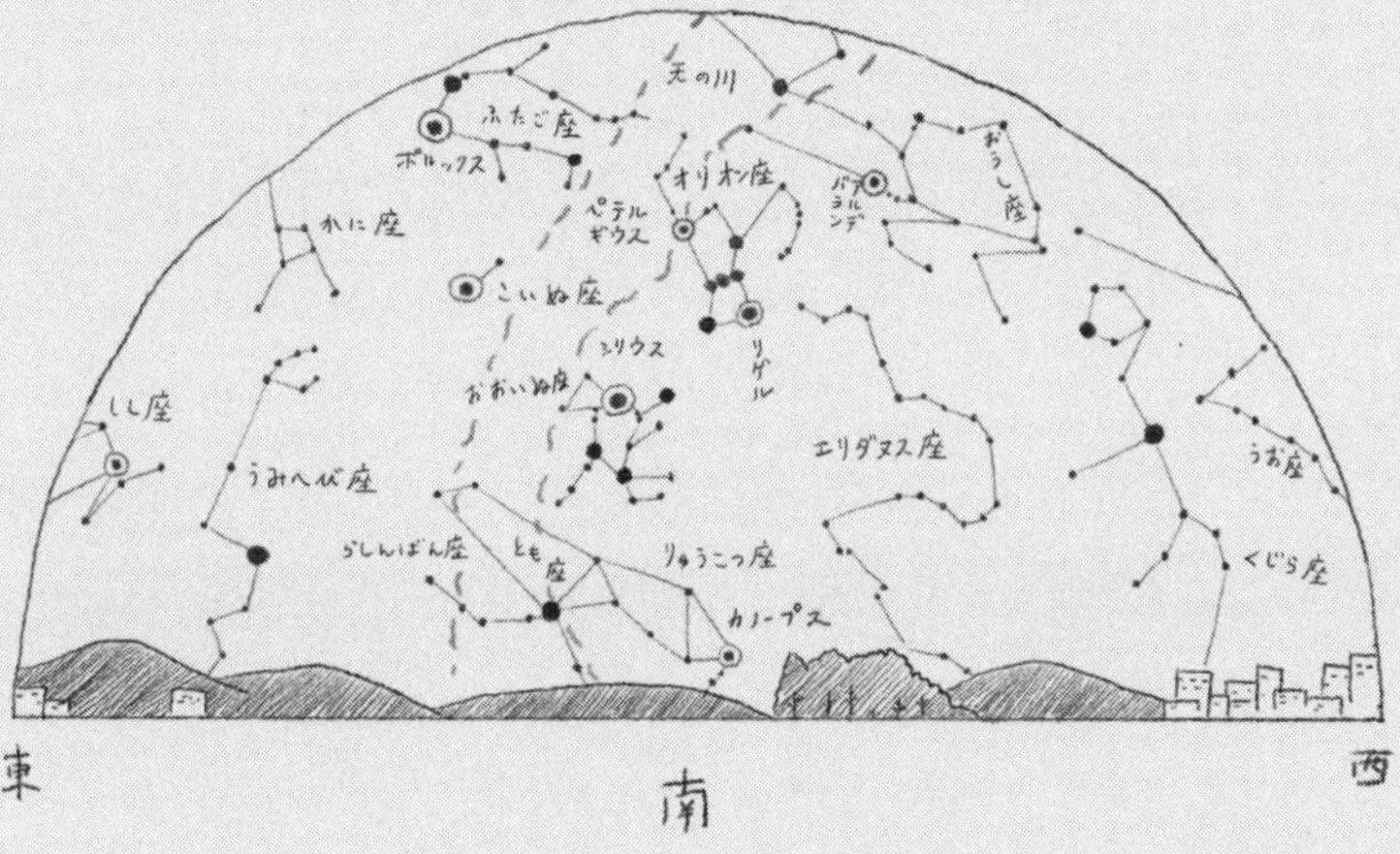

▲南の夜空

オリオン座は　三つ星をふたつの一等星とふたつの二等星が囲みます。とても目立つ三つ星は　古く船乗りの目印とされました。暗い海原にいるときに　三つ星の高さや角度から方角や時刻を測ったのです。

勇者の肩のあたりに赤く光るのが　一等星ベテルギウス。この星はいま最後のときをむかえています。太陽の千倍近く膨らんだ赤色巨星の表面に　最近こぶのようなものが見つかりました。爆発の前兆かもしれません。この星が爆発すると　満月よりも明るく輝き　昼間でも見ることができるでしょう。そして半年間青白いガスを放出しながら夜空をそめ　やがて見えなくなります。爆発は今晩かもしれないし、まだ千年先かもしれません。

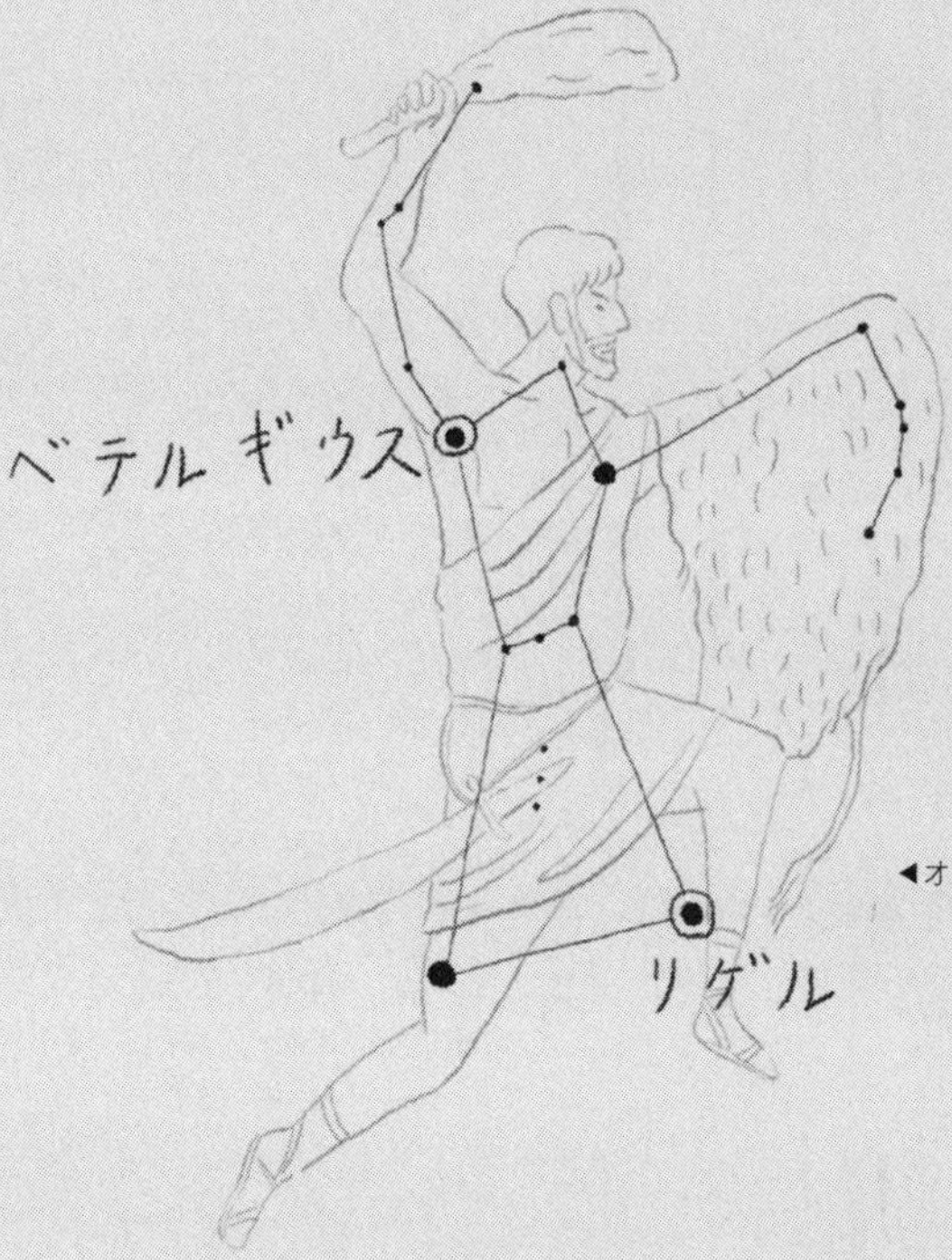

◀オリオン座

赤く老いたベテルギウスと対照的に　オリオンの星ぼしは青くて若い星が多いのです。勇者のかかとにひときわ青白く輝くのがリゲル。日本では源平合戦の紅白にちなみ、ベテルギウスを平家星、リゲルを源氏星と呼びました。

おもしろいことにオリオンの青い星は　みなおなじくらいの年齢と特徴をもっています。かつてオリオンの中心に存在したであろう散光星雲のなかでうまれ　ひろがったのでしょう。オリオン付近にはその痕跡と思われる巨大な分子雲が存在しています。

三つ星の下に　たてに三つ並んだ小《こ》三つ星。その真ん中にぼうっと光るオリオン大星雲もまた星の誕生する場所です。肉眼でも見ることのできる散光星雲は　星のゆりかごと呼ばれここから次々と新しく星がうまれています。

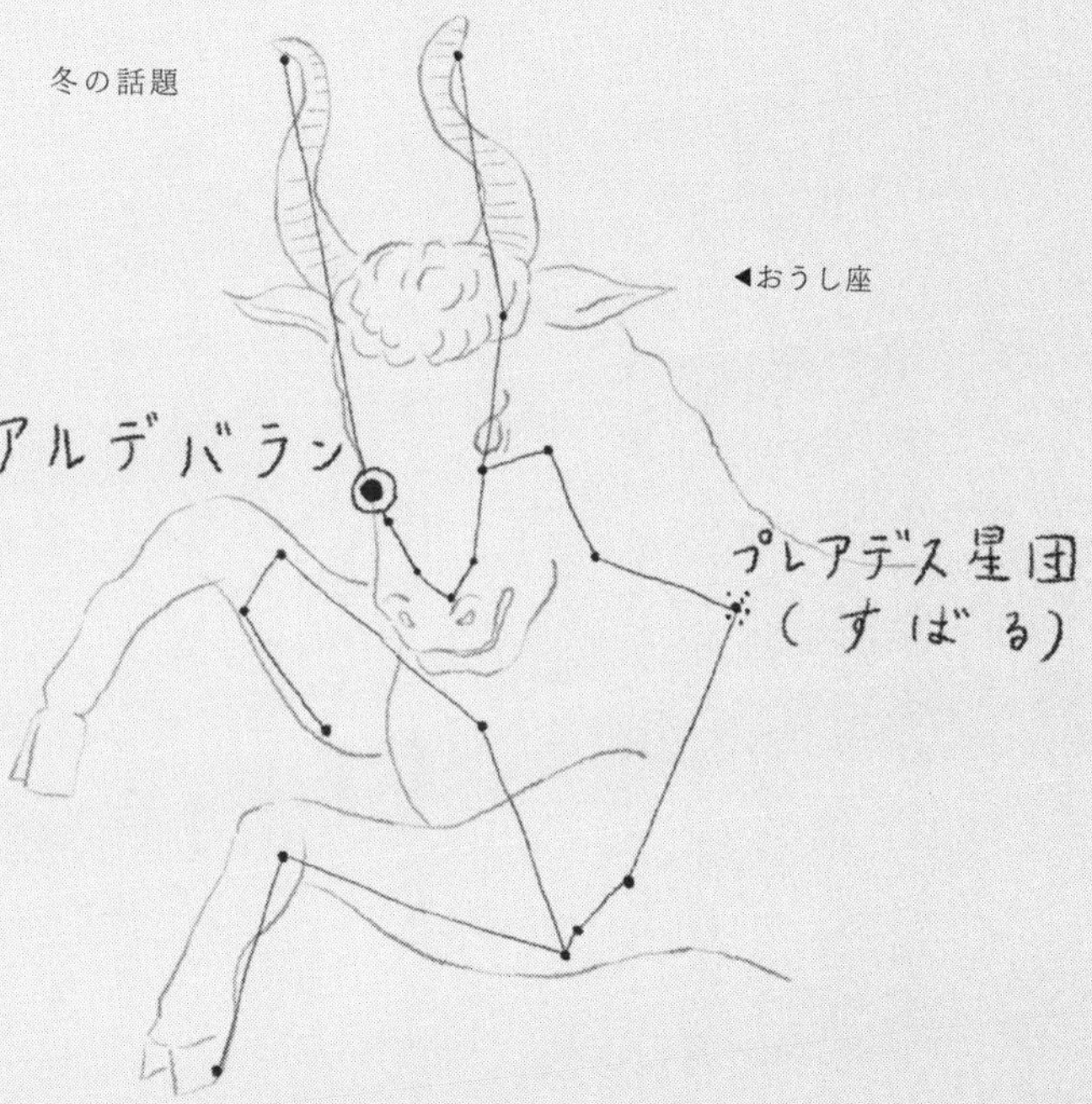

勇者めがけて角を突き上げるおうし座では「星はすばる」と『枕草子《まくらのそうし》』に登場するプレアデス星団が目をひきます。別名ナナツボシといいますが　六つの星しか数えられません。ギリシャ神話では　マイヤ　エレクトラ　アルキオネー　ケレーノー　ステロバー　メロペーの七姉妹のうち　人間と交わったメロペーだけが輝きをうしなったといいます。ほかの六人は彼女を思い泣きぬれて　すばるは青白くにじんでいます。

Vの字を横にしたような　牡牛の顔をかたちづくるヒアデス星団。ちょうど目のところに朱《しゅ》色に光るのが一等星アルデバランです。十九世紀の天文学者ハレーがこの星を観測し　古い記録とくらべて　星の位置がずれているのに気づきました。すべての星は固有運動といってつねにうごいているのです。けれども　遠い天体のうごきはゆっくり見えますから　ほとんどその変化に気づきません。アルデバランは一五〇〇年で　満月の四分の一ほどうごきました。さらにこの星を含むヒアデス星団全体がオリオン座の方向に向かって移動しています。

牡牛の角の先にぼうっと光る星雲は　望遠鏡で見ると蟹そっくりなのでカニ星雲と名づけられました。一〇五四年に突然あらわれた明るい星を　藤原定家《ふじわらのていか》は『明月記《めいげつき》』に「客星《きゃくせい》」と記しています。カニ星雲はこのときの超新星爆発の残骸です。中心では中性子星が一秒間に三十回転して強いX線電波を発する電波天体は　まるで星の最後を銀河系に向けて放送しているみたいですね。

オリオンの三つ星を東へのばした先に　い

◀おおいぬ座

▼こいぬ座

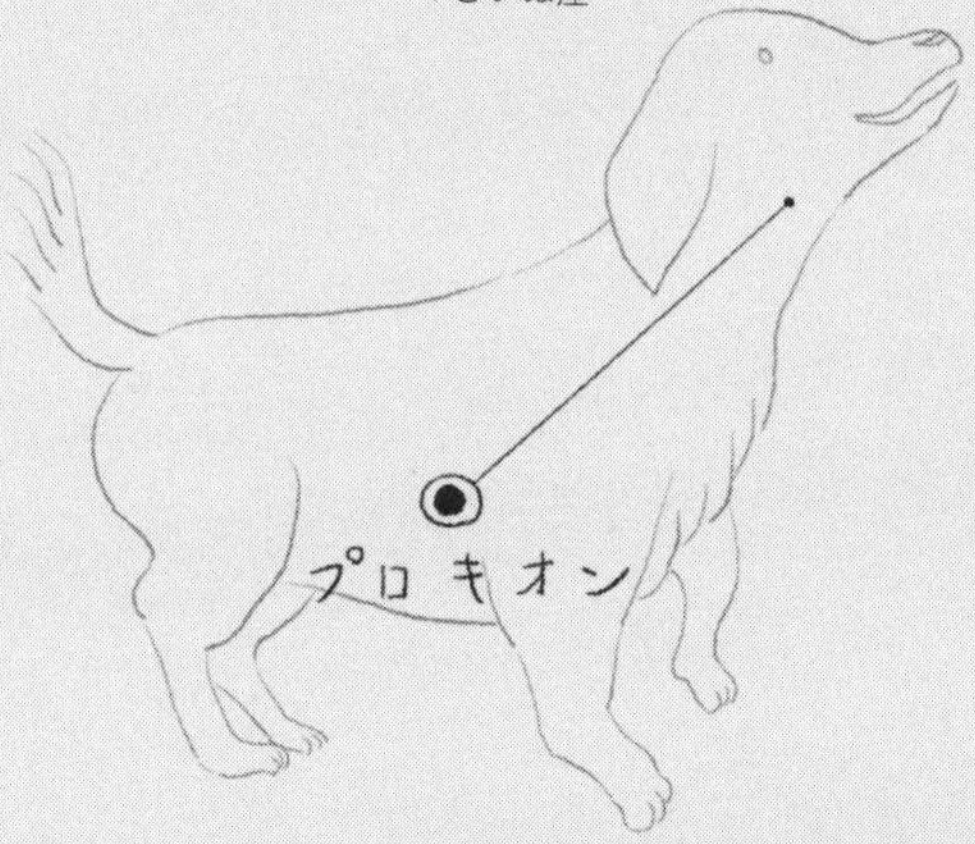

ちだんと輝く　おおいぬ座のシリウスはマイナス一・五等という　太陽をのぞけば　全天でいちばん明るい恒星です。しかし　この星はちょっと変なのです。ふらふらと　よろめくような軌道を描きます。シリウスは双子の星で人間界で双子はめずらしいですが　星の世界では二重星　三重星などの連星はざらです。でも　シリウスを回る伴星Bは特別でした。おおきさはシリウスの六十分の一で地球とほぼおなじですが　重力は一万倍。この重い星にゆさぶられて　シリウスは常にふらふらしています。アインシュタインの相対性理論によると強い重力のなかでは時間がおくれるので　伴星Bでの一秒は　太陽系では約十七日にもなります。きわめて重いこの星こそ　初めて発見された白色矮星《はくしょくわいせい》でした。

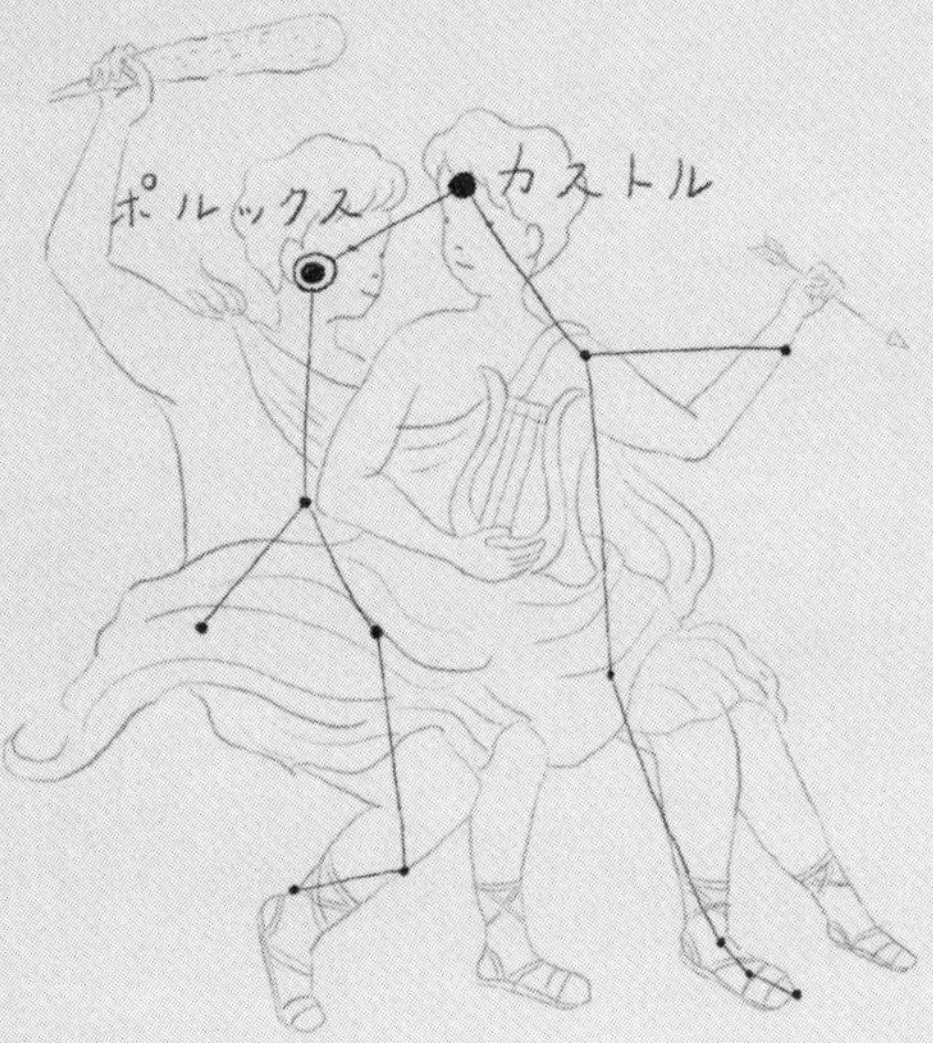

▲ふたご座

おおいぬ座の上にちょこんとすわるこいぬ座。この対比は　おおぐま座とこぐま座の大びしゃく　小びしゃくのペアとおなじくらいお似合いです。なぜなら　こいぬ座の一等星プロキオンもシリウスとおなじくとても重い白色矮星を伴星にしたがえているからです。

ふたご座の名前にふさわしく　一等星ポルックスと二等星カストルがなかよく光ります。古くからふたつの星を「猫の目」なんて呼びました。ギリシャ神話では兄にあたるカストルですが　これを望遠鏡で見ると　カストル自身も兄弟星だとわかりました。しかも　二重星が二重に回る六重星だったのです。

おうし座の上に五角形に並ぶのがぎょしゃ

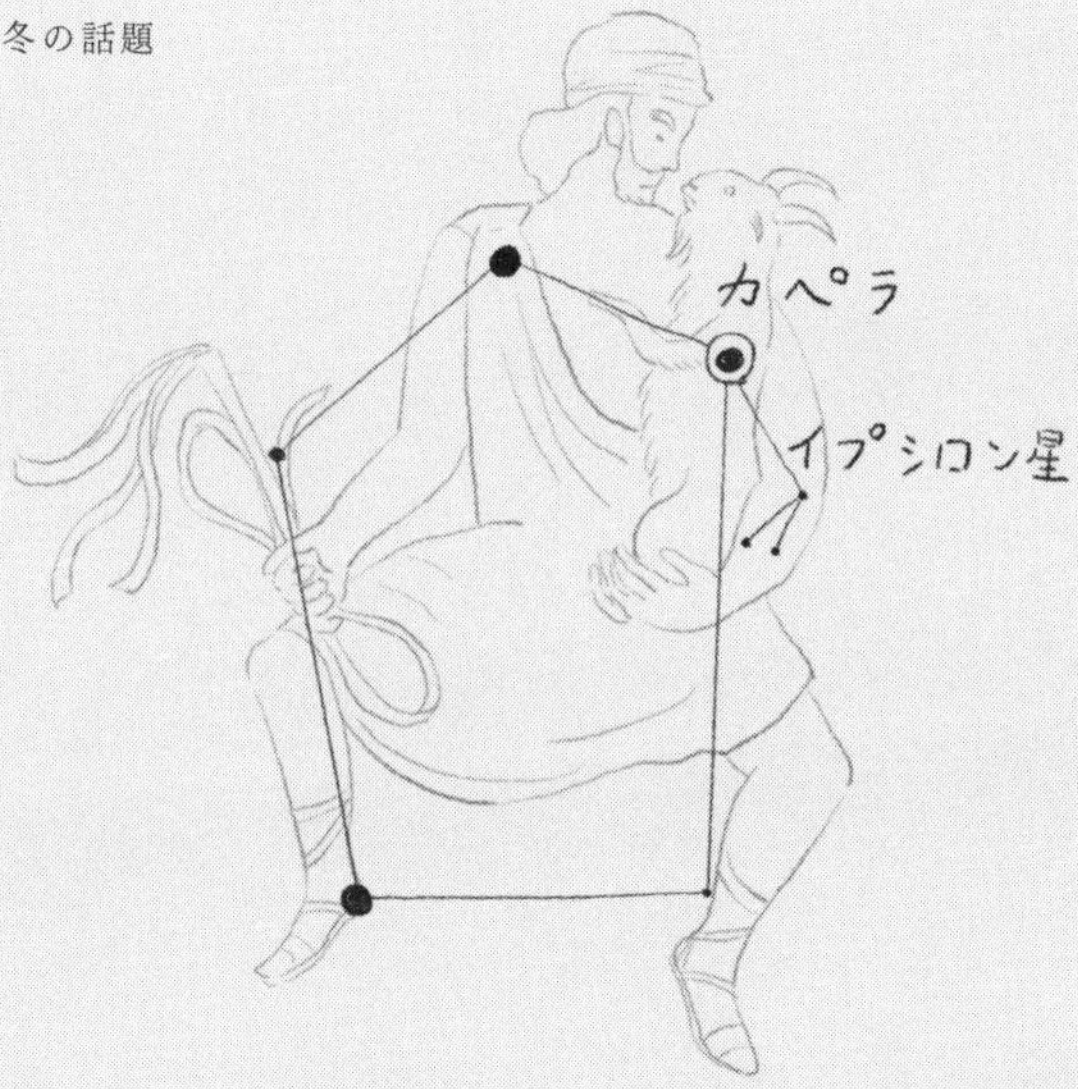

▲ぎょしゃ座

座です。馬車をあやつる人を馭者《ぎょしゃ》といいました。一等星カペラもまた兄弟星で　二重星がふたつ並んだ四重星です。

　カペラの右下に三等星ほどの明るさで光るε《イプシロン》星は大変謎にみちた天体です。時間とともに明るさを変える変光星なのですが　その仕組みがよくわからないのです。変光星は　ふたつ以上の連星が互いをかくしあいながら回ることで　見かけ上の明るさが変化する食変光星と星自体のおおきさが変わることで変光する脈動変光星があります。

　ε星は食変光星とされますが　ふつう食変光星の周期は数時間から数カ月であるのにこの星は二十七年周期ときわめて長く　しかも食の期間が二年にもわたるのが　あまりに不可解だったのです。

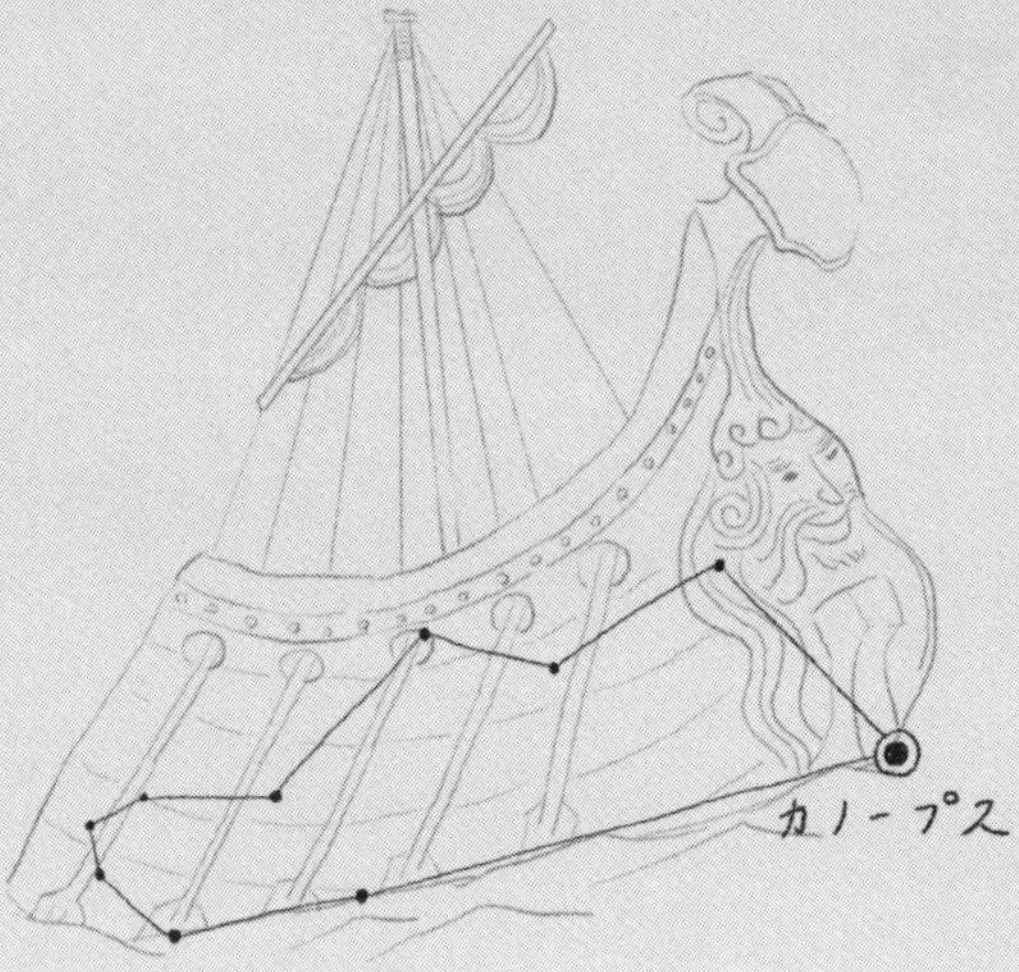

▲りゅうこつ座

これを説明するために　何十年も研究されてきました。まず考えられたのが　太陽の三千倍という宇宙最大の超巨星が回っているというもの。次にブラックホールが存在しているるモデルもありました。現在のところ　ε星の周囲に円盤状のガスを取り巻く星が回っているという説が有力となっています。

元旦の午前零時に南の地平に低く輝くのがりゅうこつ座のカノープスです。南極老人星と呼ばれ　この星を見ると幸せになれるといわれますが　かぎられた時季に地平からわずかに顔を見せるだけなので　なかなかむずかしいでしょう。もちろん南国へでかければ　かんたんに見ることができますが　星好きは地平に低くカノープスを見つけたとき　この上ないよろこびを感じるのです。

星の一生を見てみましょう。

最初は宇宙にただよう星間物質というガスがしだいにあつまって　暗い塊《かたまり》がうまれます。これを原始星といい、それはマイナス百度くらいの冷たいものですが　自分の重力で縮むうちに中心部は熱くなり　その温度上昇によって原子核反応がうまれて光りはじめます。これがある程度のおおきさに固まったものが星です。

星は水素がヘリウムに変わるときのエネルギーで光り輝きます。青白い星は　いちどにたくさんの水素をつかうために短命で　赤い星はすこしずつつかうから長生きします。たとえば太陽の寿命はまだ五十億年はありますが、オリオンのリゲルはあと百万年ほどで尽きてしまうと考えられます。

年老いた星は密度が低くなり　おおきく膨らんで赤色巨星となります。生きもののように脈動して変光し突然　大爆発を起こす。これを超新星爆発といいます。このとき吹き飛ばされたガスは星間物質として　新しくうまれてくる星のもとになるのです。そしてこわれた星の本体は　重くて暗い白色矮星となり最後にもっと縮んで暗黒星となって消えてしまうでしょう。ただし　きわめて質量のおおきな星が死んでしまうと　その強い重力だけが残って　ブラックホールをつくるといわれています。

赤い星　青い星　宝石箱をひっくりかえしたような冬の夜空は　さまざまな星の姿　その壮大な一生を見ることができるのです。

1

天文少年の夢

プラネタリウムの投影が終わって、ドーム内がすっかり明るくなっても、余韻《よいん》は長いことつづいた。頭のなかではまだ星空が回り、解説と音楽が耳に残っているから、しばらくはそれを味わえる。何だか渇《かわ》きがいやされるような充足感があって、それもここちよい飲みものを流しこんだとき、はじめて自分がひどく喉《のど》が渇いていたことに気づくような、ふしぎな感じだ。きっとそれは子どものころに見た星空の感覚がふいによみがえったせいだと思う。

神奈川県川崎市のかわさき宙《そら》と緑の科学館で毎月第三木曜日におこなわれる「星空ゆうゆう散歩」は、現役最高齢のプラネタリウム解説員である河原郁夫《かわはらいくお》氏の生解説がきける。自動《オー》解説《ト》が主流のプラネタリウムにあって、六十年間つづけている生解説には根強いファンが多く、平日の昼間にもかかわらず会場はほぼ満席の盛況ぶり、といって熱狂的でなく、終了のアナウンスとともに惜しみない拍手が起こると、そのあと会場全体が満ち足りた空気につつまれる。何とも特別の空間だ。

この投影会のことを教えてくれたのは、いっしょに仕事をしている編集者で、あなたは天文好きだから、きっと気に入るでしょうといってくれた。気に入るどころか、すっかり魅了されてしまった。

投影終了後、私たちは河原先生からお話をうかがう約束をしていた。取材の目的は、長く天文の道を歩まれた先生からプラネタリウムの歴史を教えてもらうことである。けれども今日の番組を見たとたん、日本プラネタリウム史を追うのはともかく二の次になった。それより星空案内人が見てきた夢のことを知りたい。そこには無限の驚きを含んだ天球への憧憬《どうけい》があって、星の仕事に対するたゆまざる情熱を見ることだろう。それより何より、先生の操《あやつ》るプラネタリウムはまるで夢見るための機械《DREAM MATERIALIZER》なのだから、天体に思いをはせる人たちへの素晴らしいメッセージとなるにちがいない。

もっとも星に特別な夢を抱くのは、かつて私が渋谷の五島《ごとう》プラネタリウムに毎月通う天文少年だったことがあるからだ。自分の話をするのは恐縮なのだけど、最初に白状してしまうと、昔、私があこがれた職業というのがプラネタリウム解説員だった。それとこの天文少年だが、星好きの少年が天文少年なのではない。星好きをちょっとこじらせるが天文少年だ。どんなふうかというと、たとえば明け方の空にオリオンを見上げて、紅玉《ルビー》のようなベテルギウスにうっとりとしているときに、ふいに胸をよぎる寂《さび》しさがある。あるいは頭上に光陰《こういん》を引いて飛び去った流れ星のあとに残る思いだってそうだ。それは一瞬であって、しかもとても淡《あわ》い感覚だけれども、確かにある。天文少年はそうした刹那《せつな》の〝はかなさ〟を後生大事に胸にしまいこむ。

星の夢の先で宇宙飛行士や天文学者やプラネタリアンになれるなら、そりゃあ素晴らしいに決まっている。しかし、必ずしもそうならなくたっていい。いつか星とは無《む》縁《えん》の毎日をすごし、恋やら仕事やら家庭やら、とかくいそがしくして、空に星のあることなど思いだすこともなく、数えきれないほど月日が流れて、そうしてある晩、そう、都会でも三等星が見えるかという空気の澄《す》んだ冬の晩に、とくに理由もなく見上げた空の——南の空だ——ひときわ目立つ紅玉の光にけっきょくは魅《み》せられてしまうのだ。

そのとき、ふいに何十年も昔の感覚がよみがえるだろう。十歳の自分とか。何だか胸が高鳴る感じとか。さらには、すり傷のヒジのかさぶたの感触までもが——かなり控え目にいっても――再現される。胸にしまわれた記憶はずっと手つかずのままで、すぎ去った歳月など意味をなさない。天文の世界はそういうところがいいのであって、あらかたそれで幸せになれる。今日、先生のプラネタリウムを見ていて、私は突然〝はかなさ〟にとらわれた。驚き。だが、幸せな驚きである。このような幸せをもたらす星の夢を先生に語ってもらいたいと考えたのだ。

「星空ゆうゆう散歩」は、気楽にいらして、たくさん星を見て、音楽をきいて、いいムードになれたらいいなと。息抜きといいますか。いそがしい毎日をちょっと忘れてもらいましょう。天文の勉強にはならないかもしれないけど、人にはそうしたことがプラスになるように思います。プラネタリウム解説を六十年もつづけると、しまいにはこんな番組をやりたくなるのです。

投影室に隣接するカフェにくつろぎながら、河原先生のお話はこんなふうにはじまった。プラネタリウム解説とおなじく、それはゆったりとして、はっきりと耳にひびいてくる声だ。生田緑地に開かれた窓からは、初秋のやわらかな日差しが噴水にぬれた石畳に照り映えて入りこんでくる。先生はすこしまぶしそうに、それとも面映《おもは》ゆいという表情なのか、六十年。長いようで、あっというまです――そういってコーヒーにクリームをそそぐ。一瞬それがおおぐま座M81銀河みたいな渦巻《うずま》きをつくって、にっこり笑った先生はちょっと宇宙の創造主のように見えた。

ほんとうにね、百億年をはるかにこえる宇宙の時間では、人の営みなんてまばたきのようなものです。たまたま私は星の世界に入ってしまい、毎日が星、星、星のことばかりでした。何千年も昔の星空の話をしたり、星の一生を見たり、あるいはもっとスケールのおおきい銀河の誕生を考えるうちに、時間の感覚がゆるんでしまったのでしょう。

河原先生は『星と宇宙』という本を見せてくれた。とても古い本で、あちこちが破れ、ひどく汚れている。

この本は川に落としてしまったのです。それは空襲の最中で、そのとき私はもう助からないと覚悟しました。でも幸いなことに、私は川から本を引き上げることができたのです。だから私もこうして生きていて、本も読めるし、星の話もつづけられる。

星座のお話ならいくらでも。しかし、自分の半生となるとうまくいきますかどうか。

頭に星空を思いうかべてみてください。そうしたら、その星をながめながら、夜話《よばなし》のつもりでやってみましょう。ただし、いま申し上げたように時間の感覚が変なので、お話がちょっと前後するかもしれない。

グラスが音を立てた。そうして氷がとけるくらいゆっくりと、記憶をたぐりよせながら――この話は河原郁夫氏が十歳のときに住んでいた蒲田という町からはじまる。

毎日がふしぎ

一九四〇年夏。東京南端の蒲田は、多摩川が下流でおおきくS字にカーブするあたりで神奈川県川崎市と向かいあう。土手に沿うように工場がいくつも並び、当時はさかんに軍需物資がつくられていた。でも、そのまわりには緑もひろがっていて、煙突の煙も何だかのんきそうに空にとけていく。工場のほかは蒲田駅前に三階建ての区役所と、まるでサーカス会場みたいな松竹の映画撮影所くらいが目ぼしい建物で、そのほかは甍《いらか》の家並みのあいだに野菜畑や田んぼがたくさん残っている。昭和の初め、東京郊外の風景だ。

いまとくらべると人も車もすくないからのんびりしていて、そのかわりに子どもが遊びにいそがしい。家々の路地に、ツクツクボウシの鳴きやまない雑木林のかげに、子どもたちの姿が見えかくれしている。みんな何をしているのだろう。男の子ならメンコにベーゴマ、それとも木の枝をつかったチャンバラごっこ。ねらいをつけて穴に落とす泥メンコなんてものもある。ちかごろではもっぱら戦争ごっこがいちばんはやっているようだ。いっぽう女の子の遊びは縄跳び、あやとり、おままごとごっこ、なんてところだろう。

けれども、お日様が鉄道線路の向こうにかたむくと、町のあちこちにひびいた子どもたちの声がいっせいに止む。あたりが急に静けさにつつまれたのは、きっと赤マントのしわざにちがいない。赤マントの怪人がどこからともなくあらわれ、少年少女をさらっていく。みんながそんなうわさをするようになったのは二年ほど前のことだった。それが今年になって東京から全国へとひろまる。そのころ、日本中の子どもたちがむしょうに何かにおびえていた。だから、夕ぐれどきに外を歩く子どもなんていない。たった一人をのぞいては――

小学四年生のカワハライクオは、赤マントのことなんてまるで気にとめていない。彼の頭のなかは、それよりももっと奇想天外《きそうてんがい》なもので埋めつくされているからだ。それはたとえばこんなことである。

「火星人っているのかなあ」

さらにこうも考える。

「もしもいるなら、ぼくが最初に会ってみたい」

ちょうど毎日小学生新聞に海野十三《うんのじゅうざ》の『火星兵団』という空想科学小説が連載されていて、彼はそれに夢中だった。地球を侵略しにきた火星人を相手に十三歳の男の子が大活躍する話で、「ひゅう、ひゅう、ひゅう。ぷく、ぷく、ぷく……」と、よく物語のなかの火星語をまねした。

世のなかはふしぎなことに満ちている。でも、どんな謎もきっと解けるにちがいない——そんなふうに考えるイクオはうす暗い道もちっともこわくないし、天神様の裏の用水路のところでハッとして足を止めたのだって、赤マントのかげにおびえたわけではない。そのとき道ばたに三十センチほどの白っぽい物体を発見したからだ。

「隕石《いんせき》じゃなさそうだ」

つけもの石みたいなものをしきりにさわってみる。

「かなりざらざらしている。だが凹凸《おうとつ》はすくなくて、それよりおかしいのは、ちいさな穴がいくつもあいていることだ。こんなものが自然にできるわけないし、だれかがここにおいたなら、只事《ただごと》でない。だいいち、こんなに軽いのだって怪しいじゃないか」

イクオはとうとう変な物体を抱えこんだ。

「これはじゅうぶんに調べてみる必要があるぞ」

それは抗火石《こうかせき》という建材用の軽石だとまもなくわかるのだが、鉱物の図鑑を開いたり、石の表面を小刀でけずって拡大鏡でながめたりしていると、自分が科学者にでもなった気がして、ちょっとうれしい。しかしほんとうは頭をひねるイクオに、それは工場でつかうのだよ、と父親が答えをくれたのだ。

父親の定治《さだじ》はおおきなベアリングなんかをつくる機械工場で設計技師をしていた。イクオのいちばん得意な学科が理科で、そのうちでも昆虫や植物より、石とか電気とかモーターなどの無機的なものに魅かれたのは、おそらく父の影響だろう。

父は工作好きで、たいていの機械ならかんたんにつくった。鉄道好きの息子に蒸気機関車の模型をこしらえたこともある。それも見てくれただけでなく、内部にちいさなアルコールランプがついていて、それで蒸気を発生させてシリンダーをうごかすと、白い煙を吐きながら走る本格的な仕掛けだ。それを「K《カワハラ》1《イ》9《ク》0《オ》型」と名づけて、息子のために庭にぐるりとしいた線路の上を走らせた。メダカ池の横を抜け、柿の木の下をくぐっていく姿は、万世橋《まんせいばし》の鉄道博物館で見たのとおなじくらい立派だと思った。

父は趣味の工作のために、庭の物置小屋をちょっとした作業場に改造していた。引き戸を開けると、木の作業台を中心にいろいろな工具や部品が並べられ、つくりかけの機械がいくつも床におかれている。そこに入るといつもとけたハンダのヤニのにおいがした。イクオはそれがけっこう好きなのだ。実際、機械好きの少年にとってアルコールランプのこげた芯《しん》やコイルの焼けたのは、ポンポン菓子の甘い香りより魅力的だろう。それでこの作業場が彼の大のお気に入りとなった。

この夏休みには鉱石ラジオをつくった。父に紅亜鉛鉱《こうあえんこう》をけずってもらい、チョコレートの外箱にエナメル線を巻いた円筒《えんとう》と、やはり父からもらったフェライト棒をそれに取りつける。可変コイルのなかをフェライトコアがうごくと同調ができる仕組みだ。イクオは夜がふけるのを待って——夜おそくなると電波状態がよくなるから——作業場に入ると、夢中でコイルを調整した。やがてイヤホンを通してＪＯＡＫがきこえたときにはうれしくて、思わずバンザイと叫びそうになる。

電波強弱《フェージング》の向こうでは東海林太郎《しょうじたろう》が「椰子《やし》の実」を歌っていた。

名も知らぬ遠き島より　流れ寄る椰子の実一つ
故郷《ふるさと》の岸を離れて　汝《なれ》はそも波に幾《いく》月

遠く南の国から海流にのったヤシの実が日本の海岸に流れつくという唄が、エーテルの夜を伝《つた》って耳にとどくと、まるで異国にいるような気分になる。

さて、ふしぎなことに目がないイクオにとって父の作業場は宝の山だったが、はじめのうちはめったにそこに入れてはもらえなかった。イクオが自由に出入りできるようになったのは二年生のとき、こんな事件があったからである。

理科でつかった馬蹄形磁石《ばていけいじしゃく》がおもしろくて、イクオはよく砂鉄をあつめて遊んだ。それが急に磁力が弱まって、すこしも砂をよせつけない。すると、そばで見ていた上級生が電気を通せばまたつくようになると教えてくれた。イクオには思いあたることがある。そこで家にもどり、勝手に入ってはいけないといわれている作業場に忍びこんだ。お目あての電気プラグがすぐに見つかったので、先っぽのはだか線を磁石のN極とS極にぐるぐる巻きつけて、それをソケットにさしたとたん——

バチンッ！　一瞬目の前が真っ暗になって、耳がビーンとなった。

「イクオったら、お前いったい何をしたんだい」

物音に驚いた母フサが庭に飛びだしてきた。

イクオはというと、髪の毛をまるで逆立て呆然《ぼうぜん》として作業場に突っ立っている。

「お前、大丈夫なの」母に肩をゆさぶられ、ようやく首をこくりとした。

電気ショートのすごい力で磁石はまっ黒。おまけに家中の電気が止まってしまい、電灯も点かない。まったく困った子ねえ。母はあきれるし、三人の妹たちも不安そうな顔をするので、イクオはすっかりしょげてしまった。だから、まもなく仕事から帰った父がヒューズを取りかえて、家にようやく灯りがもどったときには、ほっと胸をなでおろすのだった。

「自分が何をしたのか話してごらん」

こわい顔の父にイクオは全部を正直にいった。すると、父は急に表情をやわらげ、

「それは興味ぶかい実験だね」

きっと叱られると覚悟していたから、いささか拍子抜けだ。父親は怒るどころか、ショートの危険性、そしてコイルをつかって電磁気を磁石にうつす方法を、息子にて

いねいに教えたのである。それから「こっちにおいで」とイクオを作業場につれていくと、そこにある機械や工具の名前やつかい方、そして、どれが危ないから手をふれてはいけない、と教えて、それを約束事としてぜったいに守るなら――

「これからはこっそり入るのではなく、自由にここをつかいなさい」といった。

そうしてイクオはいっそう理科好きになった。外で遊ぶのだってきらいではないけれど、近所の子たちと戦争ごっこするよりも、ダイオードの整流作用とか、ガラスが固まった液体であるとか、そういうことのほうがずっと刺激的である。そこには知ればるほど見えてくるふしぎな世界があったからだ。

東日天文館《とうにちてんもんかん》

自分がいつか鉄道の運転手になっている姿を思いうかべた。それが河原少年の夢だった。しかし四年生の夏にはもうそれどころではなくなる。すっかり天文の世界のとりことなり、星のことで頭がいっぱいになってしまったからだ。

それは夏休みも残りすくなくなった日のことで、父が「あすの日曜に天象儀《てんしょうぎ》を見につれていってやろう」といった。てんしょうぎって何だろう。父によれば「昼間でも、雨の日でも、星を映せる機械」なのだという。

プラネタリウムのことを天象儀といった。一九二三年、ドイツ・カール・ツァイス社の技師ヴァルター・バウアースフェルトが発明した天体運行を再現して投影する機械である。一号機「ZEISS《ツァイス》I型」は恒星原板《こうせいげんばん》にレンズで光をあて、六等星までの星ぼしをドーム投影することができた。日本ではその後継機「ZEISS《ツァイス》II型」が一九三八年に大阪四ツ橋の電気科学館、その翌年に東京有楽町の東日天文館に設置されている。

父定治は新しいもの好きだったというから、息子に見せるといいながら、じつは自分もその機械に興味があったのかもしれない。

早朝にふった小雨もカラリとあがった日曜日。よそいき夏服姿のイクオは有楽町の高架駅に降りたった。父は麦わらの中折帽《なかおれぼう》に琥珀《こはく》色したステッキをさげている。プラットホームからもう東日会館の屋上ドームが見えていて、こっち、こっちとふたりを呼んでいるようだった。

東京日日《にちにち》新聞（いまの毎日新聞）の本社である東日会館は六階建ての堂々としたもので、こんなにおおきなビルはもちろん蒲田にはないから、イクオはさすが東京だと感心した。天文館はその最上階にあり、クリーム色の建物に東日天文館の金文字看板が踊っている。

正面玄関を入ってつきあたり、エレベータの前は十一時の投影をめがけて列ができていた。たいてい親子づれでイクオとおない年くらいの子もたくさん見かける。三基のエレベータが次々におりてきて、客をみんな飲みこんでしまうと、あとは六階まで一直線だ。

その扉の向こうに知らない世界があった。エレベータをおりて右の方に「特別参《さん》考館《こうかん》」とあって、江戸時代の天体図や太陽系惑星の模型などの資料が展示されている。左側には丸くふくらみのある壁に両開きの黒いドアが三カ所。そこが投影のおこなわれる「天象室《てんしょうしつ》」である。手前の〝大人五十銭、小人《こども》と軍人二十五銭〟と書かれた切符売場で、父はさっさとふたり分を買ってしまうと、「もうすぐはじまるよ」と、イクオを左の方へとうながした。なかに入れば、高く見上げる丸天井がふたりをむかえる。さっき駅から見えたドームはこれだったのか――

でも、何よりびっくりしたのは、その中心に黒光りにそびえる天象儀のふしぎなかたちだ。直径がイクオの背丈ほどもある球体がふたつ。それぞれにいくつも丸い小窓があり、先端には手毬《てまり》くらいの小球がくっついている。そのふたつの球体をつなぐ斜め格子《ごうし》の円筒形《えんとうけい》、そのなかにもちいさな装置が見えていて、中心部分からはカニの脚みたいな支軸《しじく》がXのかたちに交差して車輪のついた台座へとつながる。それは機械なのに、まるで意思をもった生きものみたいな存在感を放っていた。

こんなすごいものは見たことない。いまにも丸天井が開いて、機械生物が空へと飛び立っていくのを想像した。

みなさん、ようこそ東日天文館へ――

おごそかなアナウンスが流れると、出入口はすでに閉ざされ、密閉されたドームのなかで、これから宇宙旅行にでかけるような気分になっていた。

このとき解説台《コンソール》に立った和服姿の人が野尻抱影《のじりほうえい》だった。星の和名や星座の伝説をあつめたり、そのいっぽうで大泥棒の研究をしたり、冥王星《めいおうせい》の命名者となった大変に有名な星の学者だ。すごい先生だということを河原少年はまもなく知るのだが、それから十数年後、自分がこの先生とかかわりをもつようになるなんて、もちろん想像もしていない。

まもなく灯りがすこし落とされると、ドーム下辺にぐるりと街のシルエットがうかび上がった。

この東日会館の屋上から見た東京市の全景です。ここから南には増上寺《ぞうじょうじ》があり、逆の北側にはニコライ堂の丸屋根が見えていますね。その真ん中あたり、西の方角に帝国議会議事堂。いま、その上に丸く光っているのが――

お月さんかな、イクオは考えた。

このプラネタリウムの太陽です。本物は目もくらむ明るさですが、みなさんにうごきを見てもらえるように、だいぶ暗くしているのです。さあ、太陽が西の空にかたむくと、昼間の暑さもやわらいで、おだやかな夕ぐれがおとずれます。

太陽がすっかりかくれると、静かにおりてくる夜のとばりが街のシルエットをつつむように消し去って、それにかわり真っ赤にそまる地平の、うっとりするひとときがつづいた。その夕焼けも終われば中天高くに一番星――あれは何て星だろう――がしだいに輝きを増していき、つづいて二番星、三番星、四番星と、もう数えるのが追いつかないくらい、たくさんの星がいっぺんにあらわれてくる。
真っ暗だ――と思ったが、それはほんの手はじめで、まもなく漆黒《しっこく》というような暗さがぐっとせまってきて、すこしこわい気がした。背もたれに身をまかせると、頭上の星ぼしがどんどん近づいてきて、まるで瞳のなかで光っているようだ。ドーム天井のけじめもわからないほど真っ黒な空間に無数の白い光があふれて、そのとき、ほんとうは暑いはずなのに、頭がひんやりとするのを感じた。それは延々《えんえん》とつづくリノリウムの廊下を、目をつむって裸足で歩いているような感覚である。

今晩八時の星空です。夜の暗さを忘れた東京では、こんなにたくさん星は見えません。今日はみなさん、お盆休みに田舎へでかけたと思ってください――

無秩序にみえる星ぼしを昔の人はいろいろなかたちに見立てました。たとえば、この七つの星をむすんで柄杓《ひしゃく》をつくります。みなさんもご存じの北斗七星です。日本では双六《すごろく》のさいの目から四三《しそう》の星とよび、古い田楽舞《でんがくまい》の歌詞に残っています。いっぽう、古代中国では天上の宮殿をあらわし、イギリスでは鍬《くわ》、アイルランドでは戦車、アラビアでは四頭馬車をあてはめます。中国の道教《どうきょう》では死をつかさどる北斗《ほくと》星君《せいくん》とよび、対して射手《いて》座の南斗六星《なんとろくせい》を、生をつかさどる南北《なんと》星君《せいくん》。このふたつの星の力で人間の寿命が決まると信じられました――

北斗七星をつかって北極星を見つけだす方法や夏の大三角形などは、学校で習ったばかりだから、イクオもよく知っている。

南の空にやや低く、おおきなS字が見られます――

指示灯《ポインタ》の矢印がたどるカーブは近所の多摩川のかたちを連想させる。それがおそろしい毒針をもった大さそりの姿として映しだされる星座絵にほれぼれした。

さっき入口には八月の話題「神話と伝説の星座」とあった。野尻解説員は星座をめぐる数々の神話を話してくれる。夜も寝ずにヒツジの番をするヒツジ飼いたちが明るい星をつないで人や動物に見立て、そこにたくさんの物語をあてはめた。それはたとえばこんな話である。


昔、エチオピアの王女カシオペアは自分を世界一の美女とうぬぼれて、わたしのうつくしさには海のニンフもかなわないと自慢しました。これをきいた海神ネプチューンは大変に怒って、化け鯨《くじら》をさしむけて人間たちを襲わせます。驚いたケフェウス王は神様に慈悲《じひ》を乞《こ》いますが、なかなかきいてもらえません。とうとう、一人娘のアンドロメダ姫をさしだすならゆるそうといいました。

かわいそうなアンドロメダは海岸の岩にくさりでつながれてしまいます。いましも化け鯨にのまれるというそのとき、悪魔メデューサ退治にきた若者ペルセウスが神馬ペガススに乗ってあらわれ、化け鯨をやっつけて姫を助けたのです――

アンドロメダ座、ペルセウス座、くじら座、カシオペヤ座、ケフェウス座、ペガス
ス座——夜空の物語とともに映しだされる星座を追っていると、ふいにイクオは軽いめまいを覚えた。おや、空がうごいている。東の方を向いている自分の目には、空が北と南でぐにゃっと曲がっていくように見えた。

下弦《かげん》の月は牡牛《おうし》にあり、その西に明るい星がふたつ。木星と土星です。このように接近することを合《ごう》といって、めずらしい現象です。イエス・キリスト生誕のとき、ベツレヘムに輝いた星。東の国の博士たちをみちびいた星の正体は惑星の合という説があります。そのとき、おなじく木星と土星が魚座の位置にありました。惑星の合もまた星の伝説のひとつといえましょう。

牡牛を追うように東の地平からオリオンが昇ってきました。三ツ星を囲む四辺形はだれの目にもとまります。棍棒《こんぼう》を振り上げるオリオンのその右肩のあたりに一等星ベテルギウスが輝きます。直径が太陽の九百倍もあるという赤色巨星で——

さっそうとした勇者の姿とともに、その星座の素晴らしい配列が強く印象を残した。思えばこのときにちがいない。イクオはすっかり星の世界のとりこになった。

星明かりにふさわしい旋律《せんりつ》が流れくる。すこしものさびしく、けれども、心のどこかが強くゆさぶられるバイオリンの調べ。これはいったい何という曲だろう。

その音楽が鳴りやまないうちに、空がすこしずつ白んでくると、暗い星から姿を消していった。明けきらない部分に残っていた一等星もひとつ、またひとつと別れをつげて、無限のひろがりに思えた空も、いまは白いドームにおさまっている。

――このプラネタリウムにあすの朝がやってきました。日の出は午前五時二十分。みなさん、おはようございます。これでこの回の投影を終わりにしましょう。

その晩イクオはなかなか寝つかれなかった。昼間見た東日天文館の星空が頭のなかをぐるぐると回っている。きいたこともない星の名前、星座の神話、そして勇者オリオンの迫力。ああ、本物のオリオンを見てみたいものだ。

階下の柱時計が三つ打ったのをきき、イクオは意を決して薄掛《うすが》けをはねのけた。窓のところへいくと、真鍮《しんちゅう》のねじ締めをゆっくりはずして、そっと物干し台にでる。二階からは寝しずまった蒲田の町がすっかり見わたせた。風が低く音を立てて群雲《むらくも》をほどいてしまうと、その合間に星がいくつも輝いている。東の方角にすこし赤みがかっ

た半月《ハーフムーン》が上がっていて、そのそばで光る星がふたつ。左の明るいほうが木星、右の暗
いのが土星だと思った。そして彼のお目あては大森方面の屋根のつらなりからその半
身をもち上げている。
　オリオンだ。イクオは息をころして勇者がじゅうぶんに空に昇ってくるのを待った。
一時間――あるいはもっと長かったかもしれない。時間なんて忘れて、東の空を凝視
する。そして巨人の姿がすっかり正立《せいりつ》すると――
「プラネタリウムとおなじだ」ため息がもれた。
　しっかりとした星の並びは星座絵をかさねなくても、夜空にくっきりと勇者の姿を
描きだしている。耳の奥では、たしかにあのうつくしい調べが鳴っていた。心のうち
に反復する音楽は、まもなく曙光《しょこう》に消えゆく星ぼしの歌声みたいで、いつまでもそれ
をきいていたかった。
　だからイクオは、オリオンの最後の星が見えなくなるまで、ずっと物干し台に立ち
つくしていた。

ふたつの天文台

東日天文館にイクオは一人でいくようになった。毎月のように、ではなく、月にいちどは必ず、多いときには二回、三回とでかける。はじめてプラネタリウムを見た月から、すくなくとも三年間はすべての番組を見た。最初に見たのが「神話と伝説の星座」で、翌月は「超速度による惑星の運動」。地球の軌道の外側を回る外惑星《がいわくせい》の火星や土星のランデブーが楽しかった。止まって戻って輪を描いては、また走りだす。彼らは文字通り〝惑《まど》わす〟星だ。

「皇紀《こうき》元年の空と一万二千年後の空」。神武《じんむ》天皇即位から二六〇〇年目とされる今年は全国で祝典がおこなわれ――ただし戦時下の物資不足で開催予定の東京オリンピックは二年前に開催権を返上していたし、晴海《はるみ》四号地を会場とする万国博覧会も幻に終わっている――プラネタリウムでは二六〇〇年前の星空を映し、さらに一万二千年後、こと座α《アルファ》星ベガが北極星となる様子も見せてくれた。そうした歳差《さいさ》による北極星の交替はのちにプラネタリウム番組の定番となっていく。

イクオはプラネタリウムで星座や星のさがし方を覚え、夜になると本物の空でそれを確かめた。東京の夜空はいまよりもきれいでよく星が見えたのだ。それに東日天文館がだしている『星と宇宙とプラネタリウム解説』はひろく天文の知識をさずけてくれる。これは四季の星座の見どころや太陽系の様子から銀河系と宇宙、プラネタリウムの仕組みまで書かれた東日の公式解説本だ。百ページ余りの冊子をイクオはむさぼるように読み、はじめての天文学を自分のものとしていく。まもなく彼はプラネタリウムでも本物の星空でも、あれがアルクトゥルス、あれがスピカとひと目でわかるようになったし、いるか座やこうま座やインド人座（正しくはインディアン座）なんて目立たない星座も覚えた。黄道光《こうどうこう》がいつごろ、どの方角の空をそめるかだって理解している。

極上の日曜日は省線《しょうせん》電車（いまのJR）で有楽町までいって、午前十一時の東日プラネタリウムの投影を堪能《たんのう》したら、そのあと近くの日比谷公園まで歩き、ヤップ島の石《せき》貨《か》のところで母のこしらえてくれたおむすびをほおばることだ。家へ帰ったら、その日きいた知識をおさらいして夜に備える。夕飯を食べ終わるころ、神話の登場人物たちはすっかり空にそろっていて、物干し台に上がればプラネタリウムとおなじ光景に出会えた。天球はイクオのためにすこしだけ廻《めぐ》り、三六五分のいくつかの驚きに胸が躍《おど》る。赤径《せっけい》に沿ってすすむ物語のつづきは、きっと布団のなかで見る夢のために用意されていた。

非の打ちどころのない天文少年にとっての問題はおこづかいの工面だ。電車賃が蒲田から有楽町まで子どもが十銭で往復二十銭。東日の入館料が二十五銭だから、プラネタリウムにいちどいくだけで都合四十五銭かかった。これは当時の少年たちが滅多に買えなかった雑誌「少年倶楽部」の五十銭と大差ないから、一日一銭のおこづかいでは毎月通うことなんて、とてもできない。

どうするかというと、両親の実家がどちらも横須賀にあって、祖父母がしばしば遊びにきては「おいイクオ」とおこづかいをくれたから、それを貯めておく。お年玉もけっこうもらえるので、これらを毎月のかかりにうまく振り分ける。

イクオの天文好きを両親はよく理解した。ちいさいころからあれこれ買ってと駄々をこねず、駄菓子や玩具も欲しがらない長男が科学に目覚めたのをよろこび、まるで砂漠をいく旅人が水を求めるように知識欲を高めていくのを手助けしてやろうと思った。だから電車賃をもたせてやるし、ときに天文の本も買い与えてやる。

おそらく父に買ってもらった誠文堂新光社の「子供の科学」という雑誌に天体望遠鏡のつくり方が載っていたのだ。口径40㎜のケプラー式望遠鏡は対物レンズと接眼レンズに凸レンズを用いる屈折式で、これならかんたんにつくれそうだとイクオは考えた。それで東日の帰り道に神田神保町まで足をのばし、そのころ古書店にまぎれて並んでいた眼鏡店でお目当てのレンズを見つくろったのである。また画像を正立させるためのプリズムもそこで買った。

鏡筒《きょうとう》は口径にあわせて焦点距離800㎜の筒状が欲しい。ちょうど家の雨樋《あまどい》がうってつけだが、「いくらなんでもそれはだめだ」と父にたしなめられた。けっきょく母から反物《たんもの》の筒をもらって詰めもので調整し、それに作業場にあったカメラの三脚を取りつけると、うまいこと望遠鏡ができあがった。

さっそく物干し台に備えつけ、その夜ためしにお月さんを覗《のぞ》いたらあばた顔がくっきりと見えた。眼鏡屋のレンズはまがいものでなく、自分の工作の腕も証明されたことになる。イクオは家の物干し台を〝河原天文台〟と名づけることに決めた。

彼の天文好きは近所で有名になり、天文狂《天キチ》いのイクオちゃん、などと目を細めて呼ばれるようになる。同級生にはすっかり感化されて星好きになる子もいて、「ちょっと河原天文台にいってくる」と、戦時下に小学生が夜の外出など叱られるところだが、イクオちゃんのところなら、と周囲の親たちもゆるした。それで河原天文台には、毎晩のように友だちがやってくる。イクオはうまく焦点をあわせて、土星の輪や木星の縞模様を順番に見せてあげた。はじめて見る惑星の姿に驚きの声が上がり、大変に若いこの天文学者はみんなから尊敬の眼差しをあつめることとなった。

一九四三年二月五日、北海道で皆既《かいき》日食が見られた日、東京でも八割ほどの部分日食が観測され、蒲田では一人の少年が腹痛を引き起こしている。母フサはわが子の遅刻届を書きながら、はあ、とため息をついた。二階でその息子は望遠鏡の準備に余念《よねん》がない。投影法といって望遠鏡に太陽投影板を取りつけて、そこに太陽を映しだす。このやり方をはじめてためそうとしていた。

ひと通り観測を終えて、イクオが学校へついたのはお昼近くで、遠慮がちに教室の扉を開けると、担任の先生が目ざとく見つけて、「おい河原、しっかり観測したか」といった。教室中が笑いにつつまれる。すっかりばれていた。

「見た通りを説明してみろ」といわれ、遅刻届をだすまもなく、イクオはおずおずとみんなの前に立った。そして太陽の投影像を思いだしながら、三日月状に欠けていく様子を黒板に描く。えーと、はじめ右端上から欠けていって、五分ごとに約一割がかくれていくあんばいで、最大食までおよそ四十分かかりました——しゃべっているうちにしだいに声が張ってきて、調子がでてくる。日食の原因は月が地球のあいだに入りこむことで、必ずそれは新月のときに起こるんです。これを観測するのに最も効果的なのが投影法という、望遠鏡から入れた太陽光を投影板に映すもので——ここで一段と声を上げて——ぼくは何日も前からずっと準備してきました。

感心しながらきいていた先生は思わず吹きだしてしまった。

一九四一年十二月八日の朝、前の日に東日へでかけて夜半まで星を見ていたので、眠い目をこすりながら起きてくると、つけっぱなしのラジオが緊張した調子でくりかえしていた。

臨時ニュースを申し上げます。臨時ニュースを申し上げます。大本営陸海軍部、十二月八日午前六時発表、帝国陸海軍は本八日未明、西太平洋に於《お》いて、アメリカ、イギリス軍と戦闘状態に入《い》れり。

「また戦争ね」母がつぶやいた。「アメリカ相手では大変だ」父は苦い顔をしている。イクオはまだ戦争がつづくのだなと思った。一九三一年の満州事変《まんしゅうじへん》以来、日本はいつも他国と紛争状態にあったから、十一歳のかれは戦時下しか知らない。学校では神州《しんしゅう》不滅《ふめつ》の皇軍《こうぐん》の勇ましさを習うけれど、イクオにとっては食べものとか楽しみとか知りあいの人がいつのまにか目の前から消えてしまうのが戦争の印象だった。

　だがそれももう遠いものではない。この年の四月に国民学校令の施行によりイクオの通う南蒲尋常《なんぽじんじょう》小学校は南蒲国民学校と改められた。学生たちは少国民《しょうこくみん》と呼ばれ、銃《じゅう》後《ご》体制に組みこまれていくことになる。

　一九四三年四月、初等科を終えたイクオは高等科へは進まずに中学に上げてもらう。ただし学業はおぼつかない。ゲートルを巻いて学校へいけば、授業などはほとんどなく、いつも軍事教練《ぐんじきょうれん》——校庭をひたすら歩かされたり、大輪の内側につかまってぐるぐる回されたり、椅子に操縦桿《そうじゅうかん》をつけて敵機を撃ち落とす（これは意外におもしろかった）訓練など——に明け暮れていく。

　そして大半の日は六郷《ろくごう》にある軍需工場へ勤労奉仕《きんろうほうし》にいく。そこでミーリングといって、金属をフライス盤で切削《せっさく》加工する手伝いをした。いちおうやり方は習うのだけれど、十二、三の少年たちに熟練工の仕事などまかせられるわけがない。たいてい材料を〝おしゃか〟にして叱られ、ただの足手まといとなる。けれどイクオは機械工作が好きだったから、お前はスジがいいなとちょっと重宝《ちょうほう》がられた。それでエンドミルのコツなどを特別に教えてもらったりして、そうした知識がのちのち身を助けるのだから、どんな体験だってしておいたほうがいいのだろう。

　世のなかがいくら変わっても星の世界はおなじだから、六時に工場のサイレンで帰宅して家族と夕飯――たいていは雑炊《ぞうすい》で、サツマイモでもあればおごちそう――を食べて、二階へ上がれば、あちらの世界へいくことができた。昼間の作業に疲れても、いやな出来事だって、夜空をながめているとみんな忘れてしまえる。灯火管制《とうかかんせい》で町は真っ暗だから蒲田でも天の川がくっきりと見えた。戦争になってこれだけはうれしいことだった。星を見てこんなに幸福を感じたことはない。そのときふと〝いつか星の仕事につけたら〟と考えた。けれども――どうしたらいいかわからないし、戦争だっていつ終わるのだろう。そう思うと何だかかなしくなった。

もう河原天文台をおとずれる友だちもいない。楽しい時間は戻ってこないだろう。父が機関車を走らせてくれた庭におおきな穴が掘られて、簡易防空壕《かんいぼうくうごう》がつくられた。こんなものこしらえたって空襲のときには何の役にも立ちゃしない、と父がいった。じゃあ何でつくったの。そりゃあ在郷軍人会がうるさいからだよ。

学校へいってもあいかわらず授業はないが、イクオは問題なく二年生に進級した。毎月でかけた東日（このころは毎日天文館と名前を改めている）も足が遠のくようになる。両親もいくのはおよしという。東京はいつ敵機がくるかしれないから危ないぞ。でもイクオは爆撃なんかより最近プラネタリウムの番組がおもしろくなかった。南方戦線の星空とか星で方角を知る方法とか、すっかり兵士向けの内容で、星の世界まで戦争が割りこんでくるようで気が滅入《めい》る。それでいくのをやめた。

おなじ年の秋だから一九四四年の、おそらく十月のことだろう。その日、まだ暗いうちに目覚めたイクオは頭のなかで今日一日の行動を考えた。まずは何くわぬ顔で階下におりて、みんなと朝ごはんを食べる。かぼちゃと大根の葉のなかに米粒が数えられる雑炊だろう。両親には今日は勉強したいから大森の図書館へいってきますと伝えよう。旧制中学の詰襟《つめえり》、足にはゲートルを巻き、もちろん学帽もしっかりかぶる。短靴のひもをきつくむすんだら、いってきます。玄関をでてイクオは駅へと向かった。蒲田駅で「境」（いまの武蔵境駅）までの切符を買うと、最初にきた省線電車に乗る。東京にでて、そこから中央線に乗りかえて三鷹の先の境駅へ。こんな長い区間を乗るのは初めてだ。

この冒険は急に思い立ったことではない。何週間も前から考え、それも切羽詰《せっぱつ》まっての行動だった。でも車窓を見知らぬ風景がすぎていくと、まるで自分と星とのあいだに横たわる目に見えない障壁を象徴しているみたいで心細くなる。

境駅の木造駅舎に降り立ち、商店が並ぶ横町から踏切をわたって南側にでると、神社のわきのイロハモミジがもう色づきはじめていた。深大寺《じんだいじ》の東側、なだらかな丘陵をつづれおりに、四十分ほど歩いただろうか。アカマツの雑木林のかげに丸屋根がのぞいた。あれこそが冒険の目的地、東京天文台（現国立天文台）だ。

「あいにくだけど、見学は受けつけていないんだよ」

門のところで守衛に止められた。

「さあ早く帰りなさい。こんなところにいたら憲兵につかまるよ」

初老の守衛は、いかにも残念そうにうなだれる中学生がちょっと気の毒になった。

それで守衛室からでてきて、彼の前にかがみこみ、坊主はどこからきたんだ。蒲田？えらく遠いなあ。けれども、やっぱり入れてやるわけにはいかないんだよ。そんなやりとりが五分ほどあってから、守衛がふいに目をそらし、やあ先生と軽く会釈をすると、イクオの背後には背広の紳士が立っていた。すらりと長身の、黒髪をおでこで左右になでつけた人は親しげにこういうのだ。

「この子は僕を訪ねてくれたお客様だ。なあトメさん、入れてやってくれよ」

守衛が苦笑しながら奥へと引っこむと、紳士はおいでと少年をなかに招き入れる。

「君は――名前は何というの。ああ河原君だね。僕は福見《ふくみ》だ。さてと、君はつまり、星がとても好きなのだね」

はい、イクオはおおきくうなずくと、ドキドキしながらこの紳士と並んで歩いた。敷地のなかはひろく、樹木の茂る合間に観測所や電波塔が建っている。けれども人気《ひとけ》はまるでなくて、入口から五分ほど歩いてもだれともすれちがわなかった。

「所員はみみずくばかりだからね。つまり観測は夜が主体なんだ。いまごろはまだ自宅で白河夜船《しらかわよふね》をこいでいる最中だよ。だからどの建物も閉まっている。昼間やっているのは太陽観測くらいかな」

そういうと横のドームの建物を指さした。

「あそこに君のいちばん見たいものがあるけど、やはりいまは誰もいない。それにあのドームにはたぬきが住みついているから、初めてきた人間はきっと化かされることになっている」と、まるでいたずら坊主みたいな顔でイクオをのぞきこみ「もちろん冗談だよ」と笑う。イクオはこの紳士こそたぬきで、自分が化かされているかもしれないと思った。

やがて樹木を見下ろす高塔が目の前にあらわれた。びっしり張られたスクラッチタイルが外壁を黄褐色《おうかっしょく》にいろどり、搭上には丸屋根が見えている。「これがアインシュタイン塔だ」紳士はいった。「いまは太陽観測の最中だから見学するといい」

石段を昇って扉を開けると、塔には上がらず右側の階段を下りていく。その先がおおきな地下室になっていて、機械装置に囲まれた所員が三人、黙々と作業をしていた。

紳士はちょっといいかい、と彼らを呼び止めると、

「今日は銀河系連邦からの特使をおつれしたよ。河原君だ。すまないが、この子に第三惑星の観測装置を見せてやってくれないか」といった。

そして、ゆっくり見せてもらいなさい、というなり部屋をでていってしまうので、イクオはちょっと困った顔になる。

「やあやあ、ちいさい博士のおでましだ」

チョッキを着た若い所員が、そんなイクオに笑いかける。

「君、こっちへきたまえ。ちょうどはじめるところだ。いっしょに見よう」

そういって自分のもとに少年を招きよせた。まもなく部屋の照明が落とされると、暗くなった室内には壁に向かって、映画館みたいな光が伸びていく。すると真っ白な輝きのなかに、色とりどりのイメージがうかび上がった。

虹だ——イクオは思った。でも空にかかる虹より、帯状のそれはどこかいびつだ。「これが太陽光線のスペクトルだよ」頭の上で声がした。
屋上ドームで太陽をとらえたシーロスタット、二枚の反射鏡をつかって真下の対物

レンズに送る。ここに入るときに見たろう。あのおおきな塔全体が巨大望遠鏡なんだ。そして地下観測室へ送られた光はこのプリズム分光器をとおして虹をつくりだす。太陽の重力によって光は曲がる。とすればそのスペクトルは長くなるだろう。つまり虹の色は赤い方に偏《かたよ》るはずだ。三十年ほど前アインシュタイン博士の唱えた一般相対性理論を確かめるために、僕らはこの実験をくりかえしているのだよ。

それで確かめることはできたのですか。うん、これまで千回ほどの実験ではね――まだいちども確かめていない。

それから所員が教えてくれる望遠鏡の仕組みや光学の知識をイクオが興味ぶかくきいていると、先ほどの紳士が戻ってきた。これは僕がつくっている日本天文学会の会報だと、『天文月報』というのを数冊もたせてくれた。それから自分の名刺を差しだして、今度くるときはこれを門番に見せなさい。きっと入れてくれるからと片目をつむった。名刺には〝福見尚文〟と名前だけが書かれている。

福見尚文《ふくみなおふみ》先生は正門のところまで見送ってくれた。その間際、イクオはとうとう言いあぐねていたことを口にだすのである。

「あの、あの——ぼく、ここで働きたいのです。だめでしょうか」

先生はにっこり笑って、それとも、困ったという表情だったのかはわからない。ただ、とてもやさしい声でいうのだった。

「もっと星を見て、もっと星を好きになって——」そしてイクオをじっと見つめて、「それより何より、もっと元気にならなくちゃね」

日がかたむきはじめた武蔵野の帰り道、アカマツの林をぐるイクオの足取りはきたときよりも何倍も軽やかだった。

赤い夜

やつらがくるなら、きっと今夜にちがいないとフサは思った。

空襲――先月の下町空襲ではおびただしい死者がでたという。そしてきのうは北部の滝野川《たきのがわ》や十条《じゅうじょう》方面がやられた。軍需《ぐんじゅ》工場のあるところはきっとねらわれる。それなのに蒲田にはまだいちども爆撃がなかった。次はここがやられるぞと隣組《となりぐみ》でもしきりとうわさをしている。おそらく空襲はあるのだろう。だが、それが今夜だという予感がフサにはぬぐい去れなかった。夕刻に見た三日月がひどく赤い色をしていたからか。掃除をしていて先祖の写真が倒れたのも不吉の原因かもしれない。ともかく今夜お父さんがいないことが家の空気を重たくしているのはまちがいなかった。

夫の定治は、茨城県江戸崎《えどさき》に集団疎開中の長女妙子《たえこ》のもとに、着がえをもって面会にでかけたから今夜は帰らない。家には長男郁夫と次女コト、三女制子《せいこ》、そして五カ月の身重《みおも》な自分が残された。災いは得てしてこういうときにやってくるのだ。

午後八時をまわり、フサは落ちついていられず二階へいくと、物干しで星を見ている郁夫に家のなかに入りなさいとうながした。彼の天体観測に口をはさんだのはこれがはじめてだが、何しろいてもたってもいられない。いまのうちにすこし休ませようと思い、子どもらを寝かしつけた。すぐに逃げられるように三人は普段着のままで布団に入っている。

ちゃぶ台にすわって柱時計を見上げると九時三十分を指していた。ラジオからは国民歌謡が流れている。すこしも朗《ほが》らかな気持になれない。

敵機は、とフサは考える。小笠原の南の方からくるらしい。夜半に何十機と編隊を組んでやってくるのだ。彼女は爆撃機の黒い一団が富士火山帯に沿って日本を目指してくる光景を思いうかべた。もしかしたら、それはもう、すぐそこまできているかもしれない。

そのときサイレンが鳴った。警戒警報だ。夜の警報は日課のようなもので、いつもなら一時間ほどで解除される。ラジオから警戒情報が流され、「東部軍管区、二十一時四十分現在、敵の第一空挺《くうてい》四十機、八丈島南西沖を北進しつつあり、本州到達まで約三十分――」と伝えた。

米軍機の群れは伊豆大島を通過《トランジット》したら機首を西方に向けて、中京や阪神地区へと向かうかもしれない。だが、やはり東寄りへと進路をとった。十時ごろ房総半島南端に敵機ありとの続報に、いよいよフサは身構える。

観音崎《かんのんざき》から湾内に入りこみ、そのまま北進して東京上空へ向かうお決まりのコースを取るだろうか。いや、そうではない。東京湾上でふいに機首を変えるのだ。それから西に目標を定める。浜川崎のあたり、羽田沖から、多摩川河口を通り、やつらはくる。いまここにやってくる。目をつむり、息を止めて、耳をすます。時計の振子の音がいっそう高まる。音・音・音・音――はっと目を開いて、

「きた」フサはちいさく叫んで、重い身体を起こし、二階へはい上がる。

「起きなさいっ。郁夫、コト、制子。逃げますよ」

どこかに爆弾の落ちる音がする。いや、それは空耳《そらみみ》であったろう。早鐘《はやがね》のような自分の鼓動をきいただけだろう。

郁夫っ、さあ鉄兜《てつかぶと》をかぶって、その布団をもっていきなさい。コトと制子は母さんと手をつないでいるんですよ。子どもたちにいいきかせて、一家はそろって玄関へと

転がりでる。このとき打ち上げ花火の音が、今度は確かにきこえた。大森高台の高射《こうしゃ》砲《ほう》が撃っているのだろう。それとおなじくして空襲警報が高らかに鳴りわたる。家人《かじん》のいなくなった茶の間でラジオが緊急を告げていた。

「各家庭の皆様、防火に対しまして、奮迅《ふんじん》の健闘を切に望む——」

イクオは片手に掛け布団を抱えこみ、もう片手で天文の本と、なぜか漢和辞典をもって玄関を飛びだした。門をでるとき、こんな非常時にもつい空を見上げてしまう。宵《よい》に見た獅子《しし》の大鎌は夜空に高く、ちいさな王レグルスもすでに南中していた。そのかたちを認めるまもなく、ふいに星が——消えた。

それはプラネタリウム投影中に照明をつけるのとおなじく、まばゆい光が星をいっせいにかき消してしまったのである。振りむくと家から百メートルほど北側の京浜国道のあたりに巨大な光が立っていた。

あ、ああ——驚いて声がでない。白い光の柱から吐きだされるように、たくさんの火の球が四方に飛んでいく。その落ちる先で水嚢《みずぶくろ》の破裂する音とともに、たちまち燃え上がった。垣根《かきね》に家屋に樹木にいっぺんに火がまわる。

「ぼやぼやしてはいけない」立ちつくすイクオに母は振りかえりざまにいった。

「六郷の向こう、多摩川の土手まで逃げますよ」

　国道に近く、蒲田の町なかをくの字に抜けていく街路を通って南へ南へとすすむ。沿道には避難の人がいっせいにでてきて、東蒲田四丁目にさしかかると人波にもまれるようになり、前に進むのも思うようにいかなくなった。

「はぐれないで――はぐれたら、一人で多摩川までいくのよ」

　ぜったいにはなれるものか。イクオは必死で母たちのあとについた。まばゆい閃光《せんこう》はたびたび瞼《まぶた》をかすめていく。そのあいだに何度かおそろしいものを見たが、その意味を考える余裕はなかった。けれど十メートルほど前方にできた炎の塊《かたまり》によって、人が突然燃える理由は飛んでくる火の球にぶつかったせいだとわかった。

　向こうの四辻で裸馬が暴れ回っていた。大森あたりの練兵場から逃げてきたのだろう、と思ったけれど、そんな練兵場があるのかも知らない。火事の赤い色におびえた馬のいななき――どうにも形容しがたい鳴き声――をきいてもさして驚かないほど、感情なんてものは、すでにどこかに落としてしまったのだろう。

　通りの真ん中を走る馬をよけようとした人が後ろ足で空中へと、文字通り蹴り飛ばされた。その放物線の先にまたもすさまじい火柱が上がる。今度はずっと近くて、爆風に身体が押し戻されそうになる。五人くらい前を歩いていたモンペ姿の女の人が横ざまに飛びのき、身体を回転させながら炎を吹き上げるのを見た。それは真っ赤なドレスをまとう踊り子のようにも思える。

「こっちよ」母が叫んだ。「土手まではとても行けない。この川に逃げましょう」

小橋の下を流れる小川へと、岸の茂みからすべりこむ。見れば何十人もの避難者もおなじ流れをめがけて入りこもうとしていた。


この日、一九四五年四月十五日深夜から翌十六日未明にかけて、東京都の大森、蒲田、荏原《えばら》、羽田から神奈川県川崎方面へ飛来したB29二〇二機による爆撃は、これまで軽微な被害にとどまっていた東京南部域の京浜地帯に壊滅をもたらした。焼失家屋七万戸余、死者八四一名におよぶ城南大空襲である。

およそ六時間に投下された火力は二千トンといわれ、これは三月十日の下町大空襲を上回るものであった。木造家屋の焼失をねらう爆撃は、瞬発力により建造物を爆破するのではなく、ジェル状ガソリンを飛散させるナパーム弾を束ねたクラスタ焼夷弾《しょういだん》によって瞬時に火災をひろげることに特化したものである。

城南大空襲で、米軍は下町大空襲とおなじく市街地を取り囲むように波状攻撃をかけて避難民の退路を断ち、人も建造物もいっしょに焼きつくすことをねらった。とくに蒲田区周辺はまんべんなく爆撃にさらされ、全区の九十九パーセント焼失と伝えられる。


川は腰のあたりのふかさだった。一家四人は掛け布団を頭からかぶり、その上からイクオが鉄兜で水をくんではかけて、飛んでくる火の粉から守った。何かの破裂音によって周囲が燃えさかっているのがわかる。

「こわいよお」「熱いよお」「南無妙法蓮華経」――布団をかぶって頭を低くしていると川のなかでいろんな声がきこえてきた。ほかにもすすり泣く声、叫び声、うめき声が混じりあって、それが水面を伝わって、わあんと耳にひびいてくる。それにとらわれると水底にすいこまれる気がするから、かぶりを振ると鉄兜で水を、一心にかけつづけた。

途中でおそるおそる見まわすと、自分の住んでいる蒲田の方角はすっかり火につつまれている。六郷の側もおなじように真っ赤だった。それらの炎があわさり高い壁のようになって、いま自分たちのいる場所へとせまってくる。

「痛っ」衝撃に鉄兜を取り落とす。燃えたぎる火玉が自分の肩にのっているのを呆然と見ていた。母親があわててそれをはらいのけ、水をかけると、ぎゅっと我が子を抱きしめる。

「お願いよ。しっかりして——お前が妹たちを守るのよ」

イクオは身体を変えると、左手に鉄兜をもち直し、ふたたび水をかけはじめた。熱さも疲れも何もない。ただもう狂ったみたいになって、水をかき上げていく。

急に波が立ち、足元が地震のようにうごいた。近くに爆弾が落ちたのだろう。またも耳をつんざく阿鼻叫喚《あびきょうかん》が起こると、それからはもう何の声もしなくなった。燃えさかる炎の低音と不安な破裂音だけが近づいてくる。炎の壁は岸にまで達し、触手《しょくしゅ》のような火がいくつも川面をなめはじめた。

明けることを知らない夜が——赤い夜がおりてきた。

真っ赤にそまった世界では、たとえ目をつむっても、すべてが見えた。

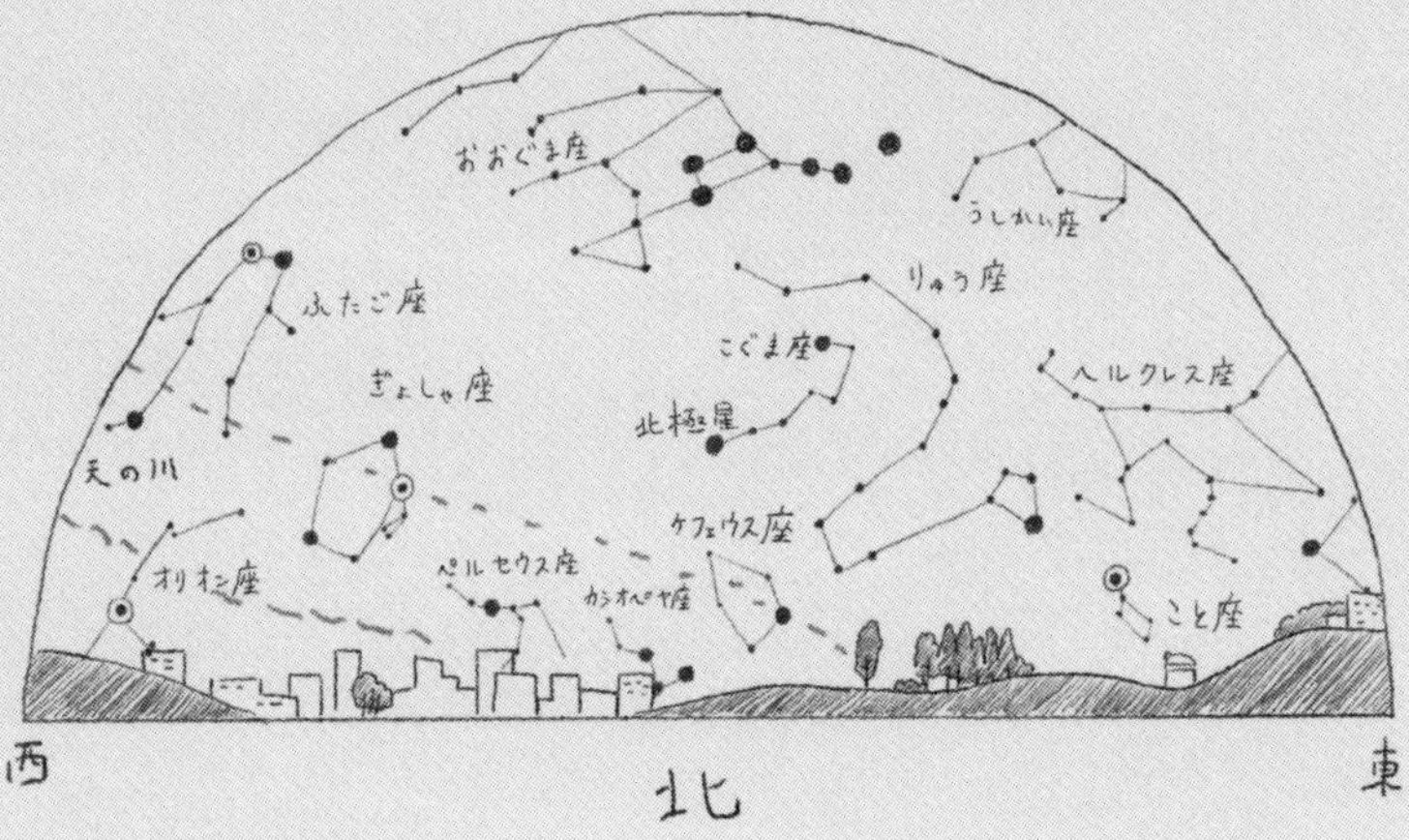

▲北の夜空

春の話題 ～うごく北極星～

動植物が冬眠から目覚める春は　生命力に満ちた大気が　やわらかく夜空をつつみます。オリオンを中心とする　冬の明るく冴えた星ぼしが西へかたむくと　おとめ座スピカの純白な清らかさ　うしかい座アルクトゥルスの男性的な橙色《だいだい》　獅子や海蛇といった　おそろしげな神話の怪物までが　とろんとして　どこか夢見ごこちに　光っています。

ギリシャ神話の英雄ヘラクレスに踏みつぶされた　お化け蟹《がに》の星座が　南の空をすぎると春も本番です。かに座の甲羅のところに星がちいさな正方形をつくり　そのなかに　ぼうっと

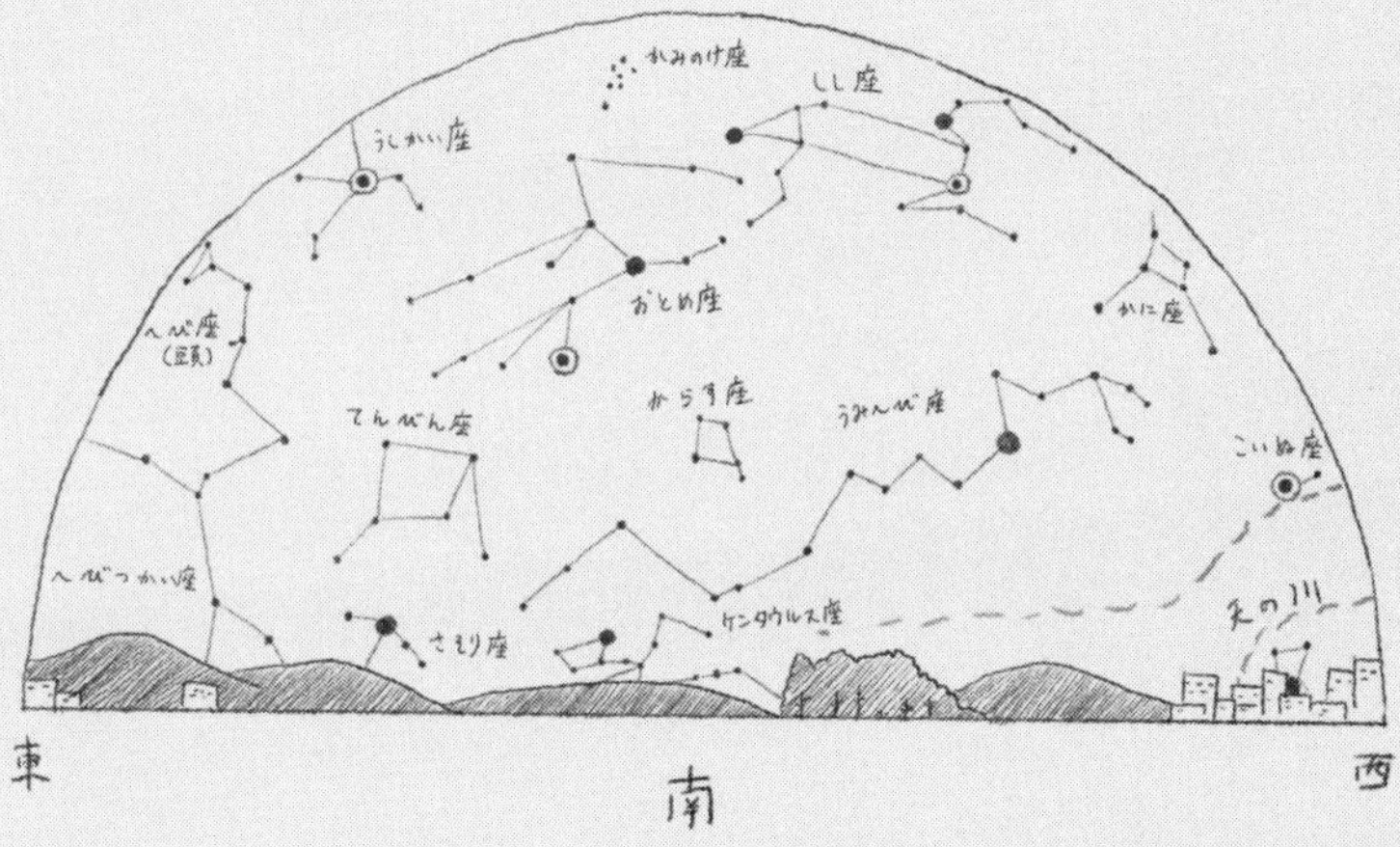

▲南の夜空

光るプレセペ星団は　細かな星のあつまりです。天文学と占星学の区別のなかった中世のころ　星雲や星団は不吉とされました。とくに黄道に位置するプレセペは　よく惑星と近づくので　凶事を占う星とされたのです。一八九五年には　海王星以外のすべての惑星がここにあつまり　一五三一年にはハレー彗星がここに出現しています。ただし　いずれの年も世のなかが乱れることはありませんでした。

やはりヘラクレスに退治された人食い獅子も空にいます。クエスチョンマークをひっくりかえしたような大鎌の形が印象的なしし座のレグルスは　光度一・四等と一等星のなかでいちばん暗いのですが　この星が「ちいさな王」と呼ばれるのは　古代メソポタミアの時代に

しし座▶

は　夏至の日に太陽がこの星に位置する夏至点として重要な意味をもったからです。あとでお話する歳差《さいさ》運動によって　レグルスは夏至点から離れてしまいました。けれども黄道上の一等星として　いまも航海の基準星となっています。

ヘラクレスに倒された九頭大蛇《ヒドラ》が　うみへび座となりました。首は一本に減りましたが　大変に横長の星座で　二月に東南の地平から頭をだすと　しっぽが西に沈むのは八月です。しかし明るい星はほとんどなく　鎌首のところに　ひとつ二等星がさびしく光るばかり。その名も「孤独な者《アルファード》」といいます。

海蛇の上にちょこんとのっているのが　からす座です。ひどくおしゃべりで嘘つきな烏《からす》が

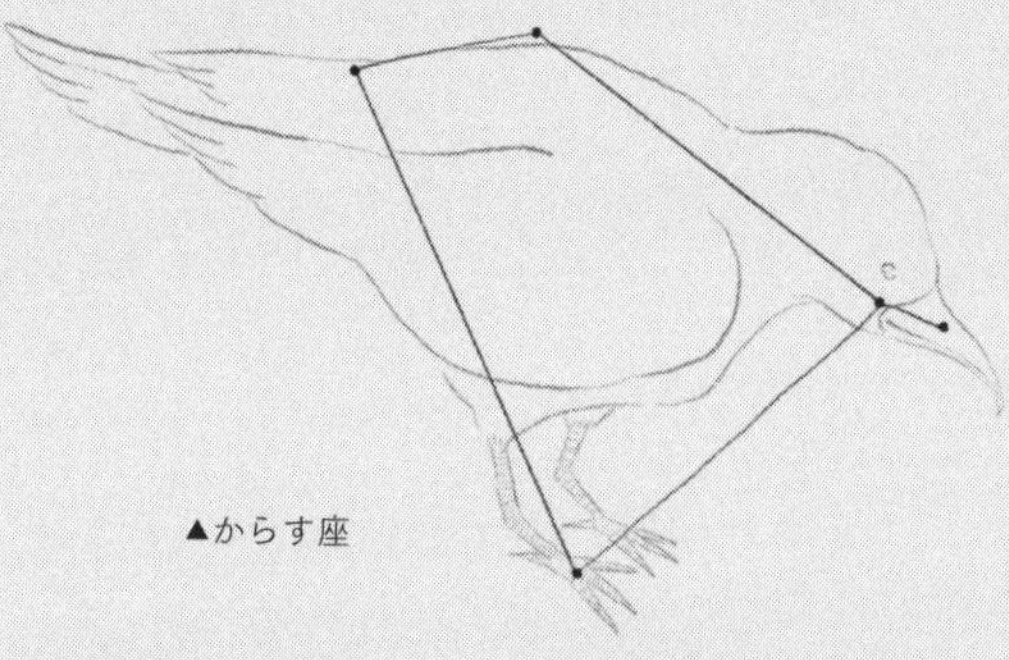

▲からす座

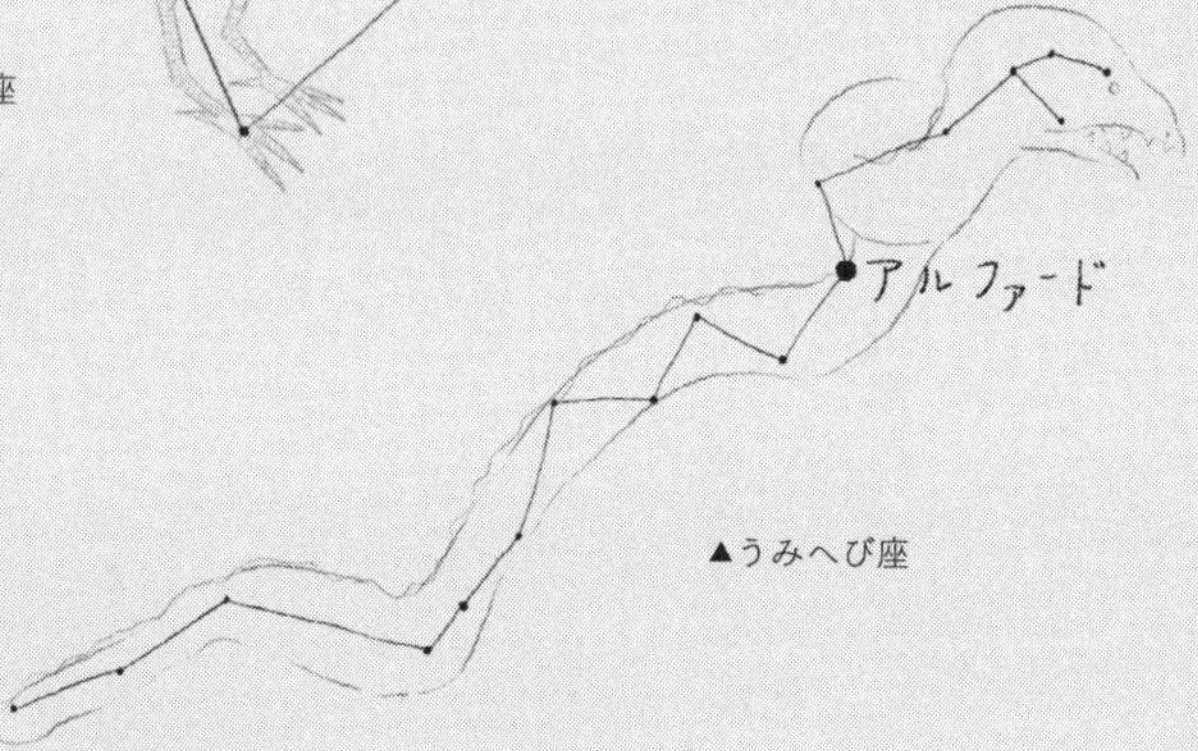

▲うみへび座

自分のでたらめ話がもとでアポロンの神に射られて　空に上りました。それいらい鳥は人のことばを喋れない　みにくい姿に変えられたといいます。

　からす座のいびつな四辺形は　さして明るくないのに　春の空によく目立ち「帆かけ星」とも呼ばれました。そしてこの四辺形の南本州では地平線の下に　南十字星があります。

　からす座の上辺をむすんで東にのばすと　おとめ座のスピカにあたります。真白い輝きが女性にたとえられ　北どなりのうしかい座アルクトゥルスの男性的なオレンジ色と一対となって「春の夫婦星《めおとぼし》」と呼ばれます。

　夫婦といえば　エジプト王エウエルゲテスがシリアとの戦いに出陣する際　その妻ベレ

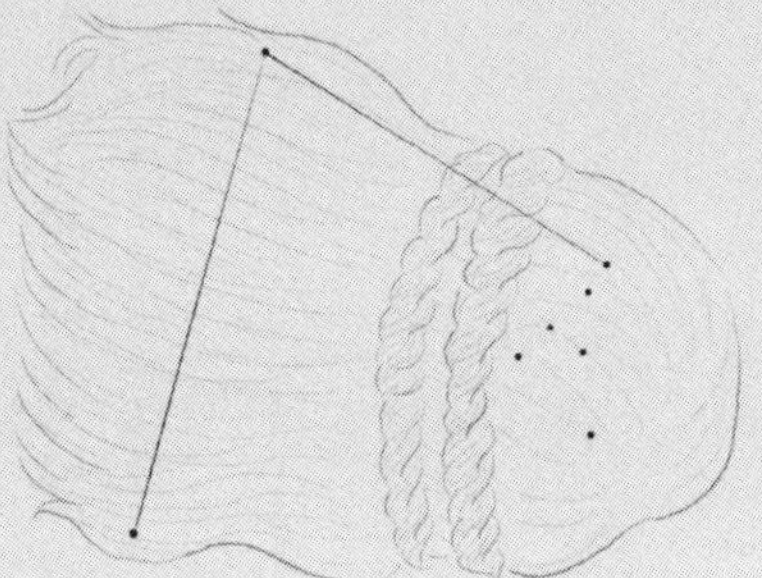

▲かみのけ座

おとめ座▶

ニケが王の無事を祈って　祭壇に髪の毛を捧げた伝説が　空に描かれました。

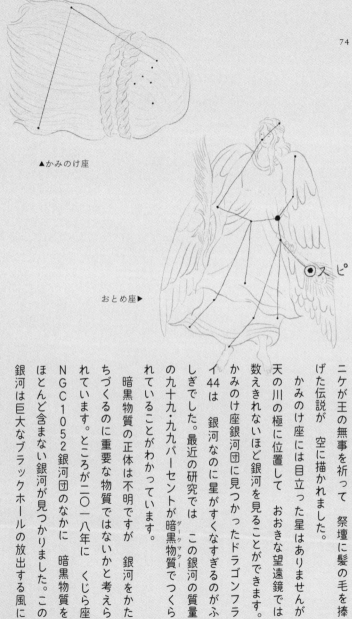

かみのけ座には目立った星はありませんが　天の川の極に位置して　おおきな望遠鏡では数えきれないほど銀河を見ることができます。かみのけ座銀河団に見つかったドラゴンフライ44は　銀河なのに星がすくなすぎるのがふしぎでした。最近の研究では　この銀河の質量の九十九・九九パーセントが暗黒物質《ダークマター》でつくられていることがわかっています。

暗黒物質の正体は不明ですが　銀河をかたちづくるのに重要な物質ではないかと考えられています。ところが二〇一八年に　くじら座NGC1052銀河団のなかに　暗黒物質をほとんど含まない銀河が見つかりました。この銀河は巨大なブラックホールの放出する風によって形成されたといわれます。
宇宙にはふしぎなことがまだたくさんあります。私たちは　これからも　さまざまな宇宙の姿に出会うことでしょう。

かみのけ座からおとめ座にかけて銀河が多いのとくらべて　うしかい座は二重星の宝庫といわれます。とくにアルクトゥルスに次いで明るいε《イプシロン》星は「最もうつくしい《プルケリマ》」の名で呼ばれ　望遠鏡をのぞけば　オレンジ色の主星と白い伴星のコントラストを見ることができるでしょう。

おおぐま座の北斗七星をながめると　この天球が何者かがデザインしたのではないかとうたがってしまいます。しかし　北斗のうつくしい並びは　地球から見たときの見かけ上のもので　七つの星は天の川銀河のなかに　べつべつに存在する星ぼしです。たとえば　水の入る桶のほうから数えて一番目のドゥーベは地球から一二〇光年の距離にあるのに対し　四番目のメグレズは六十三光年と　倍ほどのちがいがあります。そして　銀河系のすべての星は固有運動をしていますから　現在のひしゃくのかたちも　何万年ものあいだにすっかり変わってしまうでしょう。

北極星とはこぐま座のポラリスのことです。「子《ね》のほし」とよばれ　つねにうごかないので船乗りたちのよい目印とされました。けれどもほんとうは天の北極から一度ほどずれているのです。江戸時代に大坂の船頭徳蔵《ふながしらとくぞう》の妻が　夜

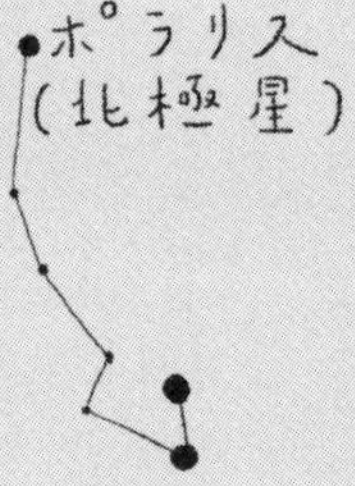

▲こぐま座

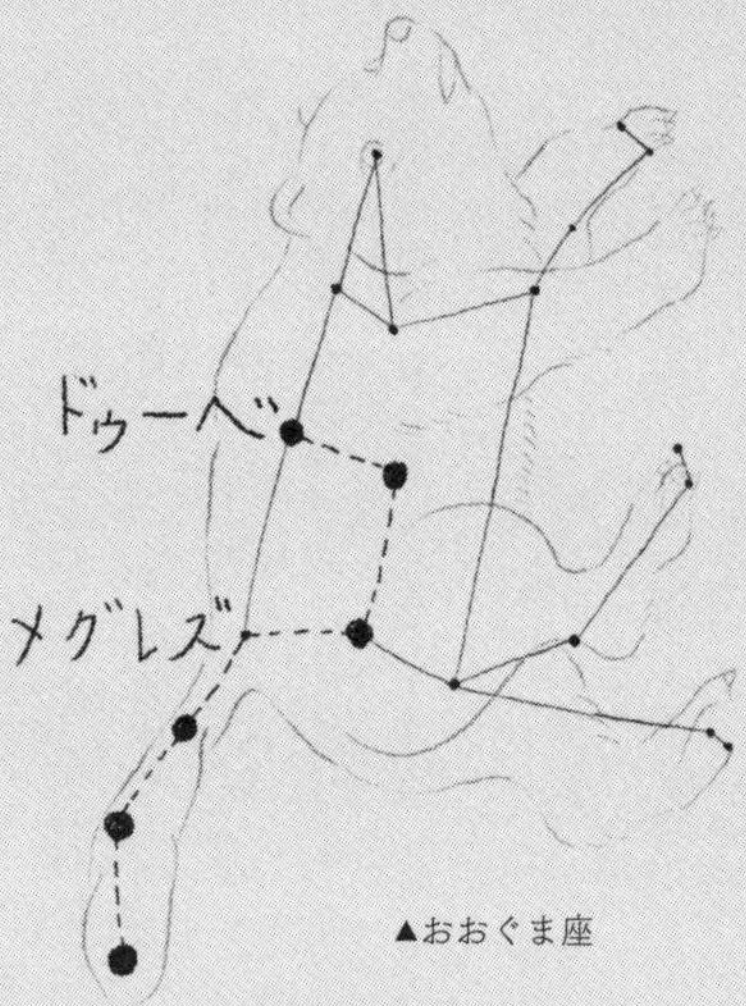

▲おおぐま座

なべをしていて　この星が窓格子の幅だけうごくのを見つけました。これが諸国の船乗りに「子のほしはすこしうごく」と伝わったといいます。

　小びしゃくの　桶のほうの二星を「やらいの星」といい　北斗七星が北極星を食べてしまおうと回るのを　あいだに立って守っているといわれました。おもしろい見立てですね。

　地球の自転軸（地軸）が北を指す方向にある北極星は　つねに真北でうごかないように見えています。けれども　何千年というあいだにはこの北極星もうごくのです。

　太陽のまわりを公転する地球は　斜めにかたむいています。太陽や月の引力は　このかたむいている地軸を引き起こそうとはたらきます。これは地球が完全な球体ではなく　赤道付近がすこしふくらんだ楕円形であることから起こるとされます。これによって地軸はゆっくりと方向を変え　約二万五八〇〇年の周期で首振り運動をするのです。斜めに回したコマの軸が回転するのによく似たこの運動を歳差といいます。

いまの北極星ポラリスの位置は　天の北極から一度　満月の見かけのおおきさの二倍程度離れていますが　西暦二一〇〇年ころにはおよそ三十分の位置まで近づくでしょう。

しかし　いまから五千年ほど前には　天の北極はりゅう座のトゥバンの近くでした。

天の北極の中心が変わることで　星空の見える範囲も変わります。大びしゃくや小びしゃ

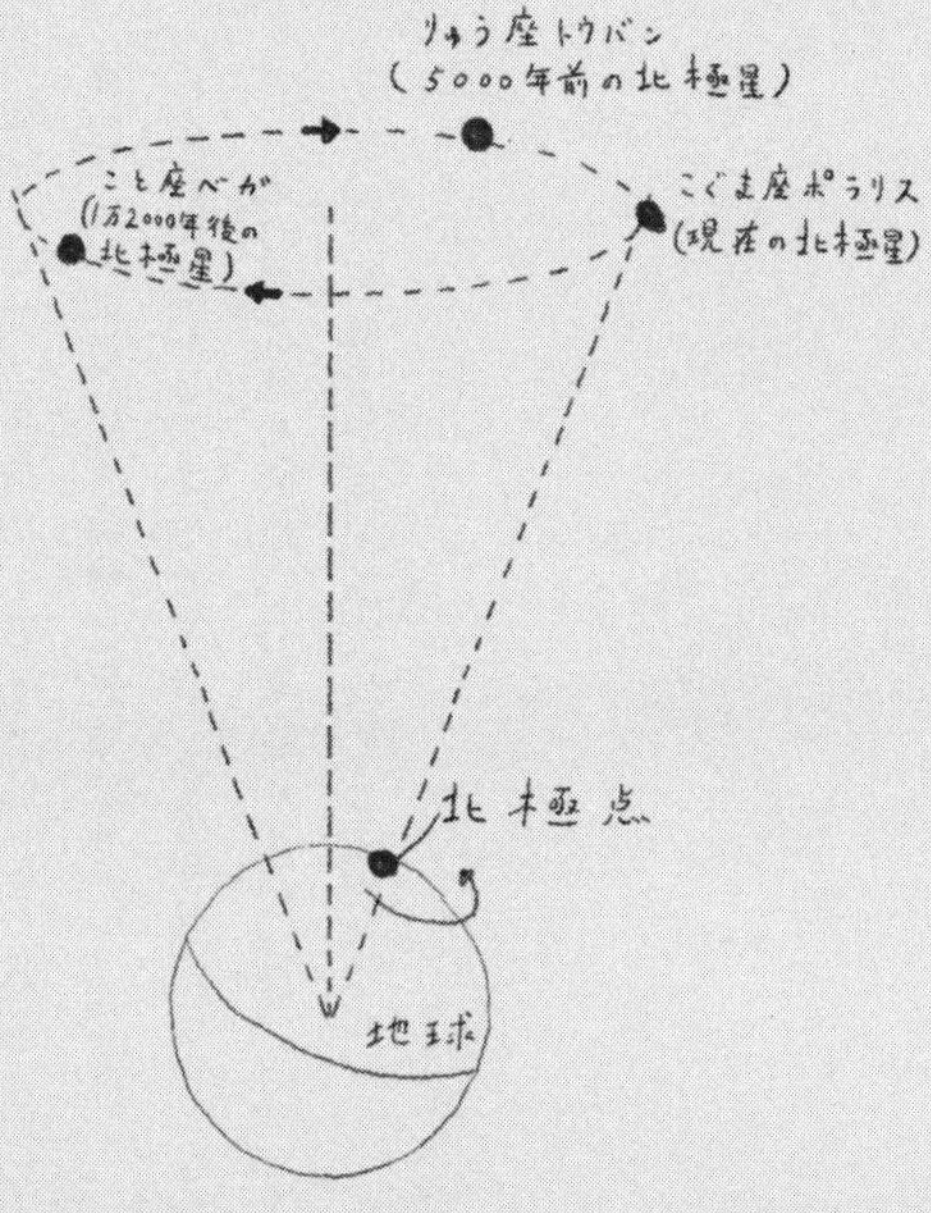

くなど北の星ぼしの位置はだいぶ低くなり　逆に南の空に見えていたしし座やおとめ座は高い位置に変わります。さらに　からす座も高く昇り　まっすぐ下のほうへ目を移すと　地平線の下にかくれていた南十字星が姿をあらわします。五千年前には　日本でもかんたんに南十字星を見ることができたのです。そしてこの時代には　しし座レグルスもまた「ちいさな王」の名にふさわしく　ほぼ夏至点の位置に光っていました。

では　未来の北極星はどうなるでしょうか。いまから一万二千年後　もしもこのとき人類が滅んでいなければ　見事に光り輝くこと座ベガを北極星として見るはずです。実視等級〇・〇三等　ひときわ青白いこの星が天の北極にすわれば　北を目指す旅人はもう道に迷うことはなくなるでしょう。

2

むすばれる星たち

一

一九四五年八月六日、人類史上はじめて原子爆弾が広島に投下される。九日には長崎にも落とされ、十五日、玉音放送を通じて日本の敗戦が国民に知らされた。

広島からおよそ七四〇〇キロ離れたソヴィエト連邦アルメニア共和国のエレバン大学で教鞭《きょうべん》をとるアンバルツミアンは、ある恒星集団の奇妙なうごきに注目していた。彼は二年後、比較的年齢の若い恒星同士の誕生進化には有機的なつながりがあり、その一群は同一の運動をもつとする「アソシエーション」説を発表する。星の固有運動をしめすアンバルツミアンの理論は、日本では「星組合」などと紹介された。

ゆうべ、ヒアデス星団の星ぼしはつれだち、ベテルギウス方向の一点に向かい旅立ったらしい。

＊＊＊

河原郁夫は終戦を横須賀の父の実家でむかえた。日本が敗けた悔しさとか絶望といった記憶はない。ようやく戦争が終わったよろこびにあふれていた。もう爆撃はないから安心していられる。焼けあとの空に星はいっそう輝いた。巨大蠍《さそり》に矢をつがえる射手《いて》、その足元をぬらす天の川の絶景、さかしまにひざまずくヘラクレスの雄姿、金剛石《ダイヤ》のごときベガの輝き。なんてきれいだろう。こんなものが空にあるから、何もなくたって生きてゆける。

あの日、大空襲の一夜が明けて、一家は全員無事だった。川面にうかぶおびただしい犠牲者を見て、生きているのが奇跡に思えた。けれども生の実感はあまりない。死者は静かにだまり、生者は力なくだまる。だまりながら、生者であるので歩きだす。晴天なのに真っ黒い雲におおわれた空の下を熱気にむせかえりながら自宅に戻ると、家は焼け落ちて門柱だけそこに残っていた。
町内会の人がやってきて、乾パンを一人五個ずつくれた。それから近所の米屋の焼けあとに生き残った人たちがあつまって大豆をひろっていた。灰をかきたて、熱で曲がったフライパンをさがすと、練炭《れんたん》のくすぶる上でそれを焼いて食べた。

「全員無事　横須賀へいく」と板に書いて門柱にくくりつけて、四人はでかけた。京浜国道はあちこちで瓦礫《がれき》が煙を上げ、その合間を避難者が列をなして歩いていく。
多摩川をわたる六郷橋にさしかかると、四人を追い越した黒塗りの自動車が目の前で停まった。窓から軍人が顔をだし、どちらまでいくのですといった。身重《みおも》で歩く母親を見かねて声をかけてくれたのだろう。横須賀ならちょうどいい、お乗りなさい。それは海軍士官の自動車で、横須賀の鎮守府《ちんじゅふ》へ向かうところだった。車のなかで、お食べなさいとおむすびをさしだしてくれた士官はとても慈悲ぶかい人で、わざわざ父親の実家の近くまで送り届けてくれた。おかげで一家は救われたのである。

父の実家について祖父母の顔を見てほっとしたとたん、ひどい眠気におそわれて、そのまま一昼夜まるで泥のように眠った。目がさめて芋粥《いもがゆ》を食べると、すこしずつ自分の感覚が戻ってくる。身体のあちこちが火傷《やけど》していて、それがずきずきと疼《うず》いた。そのあと燃えてしまった自宅や生死も知らぬ友人らを思いだして、ひどく心細くなった。

三日目に父が帰ってきた。みんなで抱きあい再会をよろこんだ。祖父は二、三軒の貸家をもつ大家だったので、家作《かさく》を一軒あけてもらい、そこに一家は住みこんだ。

七月に弟が生まれた。何かいい名前はないかと父がいう。太陽がいいなと思った。いちばん好きな天体だから。けれども名前としてはおかしい気がする。そこで恒夫《つねお》はどうだろうと答えた。もちろん恒星からとった名前である。

長男が郁夫で、次男が恒夫なら呼びやすいというので、父親はそれに決めた。のちに恒夫は兄の影響で一時天文に興味をもったが、おおきくなってからは絵画や彫刻に打ちこむようになり、才能をいかして図案の仕事についている。

河原郁夫は中学三年生に進級したところで空襲にあって、通学もできずにいた。横須賀は軍事施設が多い関係で転入者の身元にやかましく、地元中学校への編入はとうとう認められなかった。ぶらぶらしてもいられないので、彼はアルバイトをはじめる。

母の兄が浦賀ドックと呼ばれる造船所で設計技師をしていたので、そこに臨時雇いとしてつかってもらうことになった。

仕事は図面のトレースである。トレーシングペーパーをしいて、そこに墨入れをおこなった。定規をあわせて、からす口で線を引いていくのがおもしろい。失敗も多くて、何時間もかけてトレースした製図を反故《ほご》にすることもあるが、一本の線を引くにも自分なりの方法を見つけていく。その過程に夢中になった。

＊＊＊

紀元前六五九年、古代中国の周朝《しゅうちょう》は乱れ、東の平王《へいおう》が西の携王《けいおう》を打ち破って東周となり春秋《しゅんじゅう》時代がはじまった。この争いは、周朝十二代幽王《ゆうおう》が褒《ほう》の国よりむかえ入れた褒姒《ほうじ》を寵愛《ちょうあい》し、正室《せいしつ》である申后《しんこう》をしりぞけて后《きさき》にすえたことにはじまる。

褒姒は笑わない女で、幽王は何とかその笑顔が見たいと願った。あるとき、あやまって上げたのろしを見て褒姒はおもしろそうに微笑む。それによろこんだ幽王は兵に命じて何度も無意味にのろしを上げさせた。いっぽう申后の父申侯は遊牧民の犬戎族《けんじゅうぞく》を率いて反乱を起こす。城にせまる反乱軍を前に幽王はのろしで援軍を乞《こ》うが、だれも本気にせず、けっきょく滅ぼされてしまった。

宇宙のおなじ時間に、べつの場所で――

地球からおよそ二六〇〇光年の距離にある、かんむり座T星が爆発した。T星は年老いておおきくなった赤色巨星と白色矮星《わいせい》（星が一生の燃料をつかいきり、自分の重力によって縮んだもの）がとなりあう二重星である。赤色巨星をつつむガスを白色矮星の重力がすいこみ、その密度が限界に達するたびに大爆発を起こす。そのエネルギーは毎秒およそ三十万キロの光速度で銀河系のあらゆる場所へと伝えられた。

東周の時代に放たれた光は約二六〇〇年をへて地球にとどく。一九四六年、突如十等星から三等星にまで明るさを増したT星を、流浪《るろう》の天文学者草場《くさば》修《おさむ》がつぶさに観測していた。この年に恒星社厚生閣より刊行され、ルンペンの描いた肉眼星図と話題になった『新撰《しんせん》全天恒星図』にこの新星が記されている。

かんむり座T星は一定間隔で変光する回帰新星《かいきしんせい》で、一八六六年にも二等星の明るさに達している。その周期を八十年と数えれば、次は二〇二六年。このとき、ふたたび明るく輝くT星を見ることができるかもしれない。

＊＊＊

横須賀中央駅の東口、どぶ板通り商店街と大通りをはさんだ反対側にある若松マーケットは戦後の闇市からうまれた。一九四六年に河原はここの露天商でレンズを見つける。これはいい出物《でもの》だと思い、食うや食わずにもかかわらず、なけなしのお金をはたいた。家族はもう天文狂《天キチ》いの道楽に慣れっこだから何もいわない。やはりあきれはしたけれど——。このレンズでもちろん望遠鏡をつくった。口径8㎝屈折式望遠鏡はドックでわけてもらった塩ビ管を鏡筒につかい、ボール紙でこしらえた前のやつよりもはるかに本格的につくりこんでいる。組み立てのために図面を引き（トレースの仕事が役立った）、鉛《なまり》をけずって赤道儀も取りつけ（勤労奉仕で覚えたフライス作業のたまものだ）、三脚だって自作した。今度は家の庭が河原天文台となった。

戦後まもない横須賀の夜は降るような星空だから、この8㎝屈折式で宇宙が見通せた。火星の運河《キャナル》も、木星の大赤斑《だいせきはん》も、土星の輪のすきま——カッシーニの空隙《かんげき》まで、手にとるように見える。M31アンドロメダ銀河、M42・M43オリオン大星雲、M35散開星団、NGC869・NGC884の二重星団——かたっぱしに観測しては、そのうつくしさにため息をついた。夜のしじまとの語らいは至福の時間だった。

けれども、このころから河原がもっとも熱心に観測したのは夜空よりも昼間の太陽である。

星はとらえどころがない、と彼は考える。まるで幻のような存在だ。光ってはいるけれど、ほんとうにそこにあるのかわからない。あの星の光は地球にとどくまでに何年もかかるのだ。いま見ているのは昔の姿である。それは十年前かもしれないし、百年前だってありうる。千年、万年、いや、もっと気の遠くなるほどの時間がすでに流れてしまった。

オリオン座α星ベテルギウスは太陽の九百倍のおおきさの赤色超巨星だ。いまこの星は一生を終えようとしている。その最後の瞬間に超新星爆発《スーパーノヴァ》を起こして、どの星よりも光輝くだろう。けれども遠く離れたその光はおよそ四九八年かかって地球にやってくる。いまこの瞬間に爆発を起こしたとして、それを知るのはずっと未来のことだ。ほんとうのところベテルギウスはもうそこにないのかもしれない。ぼくたちは過ぎ去った幻を見ているにすぎないのだ。

夜、人びとが眠りにつくときに星は輝く。みんな星のほんとうの姿を見ることもなく夢を見ている。かりに目覚めた夜更けにカーテンのすきまからのぞく星の光を認めたとして、いったい何を思うだろう。人は空に星などあってもなくてもいいのだ。なぜなら、それは幻のようにとらえどころのない存在なのだから。

ただ、全恒星中にひとつだけ、人びとの生活にかけ値なしに重大な影響をおよぼす星があって――太陽は昼間の明るさをつくるばかりでなく、地球上に熱エネルギーを与え、凍土《とうど》をとかし、植生《しょくせい》をうながし、生物の生活環境を手助けする。地球上の生態系はこの一個の恒星に寄生することで生存を望むことができるのだ。

太陽活動――恒星の証《あかし》だ――の変化によって地球に寒暖がもたらされもするし、そればかりか太陽フレアと呼ばれる太陽面爆発はしばしば地球上の通信網をかく乱するデリンジャー現象を引き起こす。日々の黒点数の増減によってすら、死亡率、とくに自殺者の数であるとか、ニューヨーク株式市場の指数に影響を与えるという説もある。

太陽を調べれば星のことがわかる。したがって、河原は夜の観測だけでなく、毎朝、晴れていれば望遠鏡を太陽に向けるのが日課となった。投影板に紙をあて、映しだされる黒点をプロットし、黒点群のおおきさやかたちなどで分類してファイルする。観測は一九四六年の秋にはじまり、現在も継続中で、記録はすでに一万点をこえた。

二

ロシア生まれの科学者ジョージ・ガモフ博士は妻のローとともに、一九三二年の夏のある晩にクリミア半島南岸のアルプカからボートを漕《こ》ぎだした。社会主義国家の干渉をきらったガモフは一週間分の食料をつみこみ、黒海をわたって対岸のトルコへと亡命《ぼうめい》をこころみたのである。

最初の二日間は順調にすすんだ。だが、三日目に風雨がきて、まっすぐボートをすすめるのが困難となった。何度か転覆《てんぷく》しかけて、船底にたまった水を必死でかいだした。数日後、ようやく海岸に流れついたのを助けてくれたのは、かなしいことにトルコ人ではなかった。親切なロシア人漁師によって出発地に送りとどけられたガモフは当局の調べを受ける。

舟遊びをしていたら突然の悪天候で流されてしまったのだ——とっさについたほら話はすっかり信用された。なぜなら黒海を小舟で一七〇マイル横断することのほうが、よほどほら話みたいだからである。

一九四七年、すでに米国の亡命者となっていた彼は、宇宙のはじまりは超高温の火の玉として一点に集中し、それが大爆発を起こして三十分でひろがったとする新理論を発表した。これが宇宙のおおきさを不変とする定常宇宙論の支持者フレッド・ホイルら主流派の反感を買う。彼らは新進学者を誇大妄想にとりつかれた「大ぼら吹き《ビッグバン》」と嘲笑《ちょうしょう》した。

この悪口が妙に気に入ったガモフは自説をビッグバン理論と名づけ、初期の宇宙の様子が観測できれば、宇宙が火の玉であったことが証明されるだろうと語る。残念なことに当時は観測技術の限界もあり、とらえられるもっとも遠い銀河――つまり原初の宇宙――の範囲もちいさくて、さらに距離計算にもまちがいがあった。そのため宇宙の年齢はかなり若く見つもられて、理論の証明には到底たどりつけなかった。

宇宙が若づくりをつづける以上、ガモフの画期的な宇宙論は、大海を小舟でわたるのとおなじくらい突拍子もないほら話だったのである。

＊＊＊

生涯の恩師である水野良平氏との出会いは、上野の東京科学博物館（現国立科学博物館）の天文学普及講座第一回「星の距離はどうして求めるか」の講演だった。「天文月報」一九四四年十二月号（戦争で二年おくれて四六年二月に発行された）には一九四六年四月二十日開催とある。この公告を見て、河原は何としてもききたいと思った。

小学校五年生のとき東日天文館の売店で『宇宙旅行』という本を買った。宇宙船に乗って太陽系から銀河のかなたまで旅をする物語で、子どもが読めるやさしい書き方をしているが、中身は最新の天文知識がつまっている。その著者光川ひさしこそ水野良平氏のペンネームであることを知っていたのだ。あこがれの科学者をひと目見たくて講演会にでかけたわけである。

この講座は日本天文学会の会員向け（じつは会員になっていた）で、会場に研究者やアマチュア天文家が大勢つめかけるなかで年少の河原の姿は目立ったのだろう。講演を終えたあとでご本人が直接話しかけてくれたのだ。いまの話はちょっとむずかしかったかね。いえ、よくわかりました。先生のご本を読んでいますから。

これが縁となって河原は水野氏の講演に必ずでかけ、仕事先へもしばしば訪ねるようになる。そして、いつしかふたりのあいだに師弟関係がうまれるのだった。学問の教えを乞うだけでなく、多感な少年が社会へ羽ばたいていく、その指針を与えてくれる大恩人とめぐり会えたことは、運命というよりほかない。

そのころ先生は東京天文台の報時課長《ほうじ》（時報のことを報時と呼んだ）だったから、思い出ぶかい天文台にふたたびいけることはうれしい。かつてお世話になった福見先生はすでに退官されて伊勢神宮で神宮暦編纂《へんさん》にたずさわられていたけれど、東京天文台が天文をこころざす者にとってのあこがれであることに変わりなかった。


東京科学博物館にもよくお供した。その際に観測室を案内してもらったことがある。一九四七年の夏だった。20㎝望遠鏡の下、手ぬぐいで汗をぬぐいながら、一心にスケッチをおこなう女性の姿が目に焼きついている。黒点観測をしているのはすぐにわかったけれども、そのスケッチの緻密《ちみつ》さといったら——細くけずり上げた鉛筆をデリケートにつかって形状を写し取ると、丹念に濃淡《のうたん》をつけていく。正確である上にうつくしかった。感心して思わず身を乗りだしてしまう。

女性はこちらをちらと見て、君も黒点スケッチが好きなのかな、といった。はい大好きです。ややあってから、よし、完成。反射板から記録用紙をはずして胸の前にひろげて見せた。どうかな、合格点をいただけるかしら。すごいや。先生は何でそんなにうまく描けるのですか。先生じゃないのよ。私はただのアマチュア天文家だから――そういって黒髪をカチューシャでとめた健康そうな笑顔を水野先生に向ける。

まったく女史はあいかわらずだなあ。ああ、紹介しよう。河原郁夫君だ。こちらは小山ひさ子君。この東京科学博物館の秘蔵《ひぞう》っ子《こ》なのだよ。

河原さんもこないだの素晴らしいやつを見たでしょう――それは今年の四月にあらわれた最大級の黒点のことだ。あれはほんとうにすごかった。河原は興奮しながらスケッチしたので、きちんと描けなかったかもしれない。ところがどうだろう。彼女の正確この上ないスケッチは、そのときの様子をありありと再現していた。

河原はそれから何度となく観測室をおとずれて黒点スケッチを見せてもらった。その際に鉛筆のあて方や記録事項のあれこれなど、よく手ほどきをうけたものである。

河原よりも十四歳年長となる小山ひさ子は二十代で天体観測をはじめ、家事のかたわら黒点をスケッチしたものが東亞《とうあ》天文協会（現東亜《とうあ》天文学会。一九二〇年創立の日本最古の天文同好会）の山本一清《いっせい》（理学博士。大阪電気科学館のプラネタリウム設置に尽力した）に激《げき》賞《しょう》される。一九四六年から東京科学博物館に勤務し、20㎝赤道儀をつかい四十年以上にわたる太陽観測をおこなった。約十一年周期で黒点を増減させる太陽活動を、四サイクルをこえて記録した例は世界的にめずらしい。小山はガリレオ以来の太陽観測者として、また女性天文家の先駆者として再評価の声は近年ますます高まっている。

ライフワークの太陽観測をつづけながら、ときどき河原は科学博物館の夏の午後を思いだす。そして自分の観測方法があの偉大な天文家じこみであることに誇らしい気持になるのである。


中学復学がかなわなかった河原が地元の高校に転入したのは一九四八年のことで、二年おくれての進学となった。当時は戦争で長く休学した生徒はめずらしくなかったが、育ちざかりだから教室に頭抜けておおきい自分がいるのはちょっと気恥ずかしい。けれど、ひさしぶりに授業を受けられるのはうれしかった。

高校三年生の春、水野先生が突如東京天文台を退官されてしまった。今度横須賀市稲岡町に新設された私立横須賀学院で教鞭をとられるという。その校舎の敷地内には教員用住宅があって、先生ご一家もそこに引っ越されることとなった。その当時、横須賀には天文の会がないというので、先生が発起人となって「横須賀天文学会」というのを設立した。名前はたいそう立派だけれど、即席の同好会だからそう派手な活動もできない。それでも十五名ほどの会員があつまっただろうか。横須賀学院の講義室を借りて、月にいちど土曜日に勉強会をおこなう。先生は会長として毎回講義をなさった。ちいさな会だからといって、けっしておざなりでなく、科学博物館の講演にも劣らぬ内容を何とも楽しそうにお話する。

そのときの講義の要旨をまとめ、また毎月の天体の話題などをそえて月一回会報もつくる。四ページの謄写版《とうしゃばん》は河原が鉄筆《てっぴつ》でカリカリとガリを切った。一九五二年十月一日発行の第一号から五五年十一月一日の第三十八号までつづいたが、何しろ水野先生が監修されるから内容もよかったし、文章の構成から編集までとても勉強になった。

東京理科大学を進学先に選んだのは、水野先生が東京物理学校といったころの卒業生だったからだが、これが結果的に正しい選択となった。東京天文台は東京大学の系統だが、理科大との関係もあり、すぐれた学生を研究生として送るなどの学官連携が早くからおこなわれていたからだ。

チャンスはすぐにおとずれる。河原は一年生のときから天文研究部というサークルに所属した。そこはもともと天文気象班という同好会で、百葉箱をのぞいたり、雲の観察をおこなったが、河原ら同級生五人の天文好きが運動をして部に昇格させたのである。それがたまたま東京天文台の知るところとなり、同天体捜索部より共同観測の誘いを受けたのだ。かねてから東京天文台では流星の二点観測を計画していた。市街化による光害がではじめたころで、地域を調査すると川崎市西生田あたりが暗くて都合がよい。地元の香林寺《こうりんじ》にお願いして境内にプレハブの観測所を設置させてもらう運びとなった。ついてはそこに泊まりこめる観測員が欲しい。ねらうのはおもに三大流星群（しぶんぎ座流星群、ペルセウス座流星群、ふたご座流星群）で、それぞれ冬休みと夏休みの期間中に出現の極大をむかえるから、理科系の学生にお願いしたい。それで理科大の天文研究部に白羽の矢が立ったわけである。

最初におこなったのはペルセウス座流星群で、これは八月十二、三日ごろ極大をむかえる。天文研究部のメンバーは極大日をはさんで十日間ほど西生田観測所に泊まりこんだ。夜が本番なので昼間はごろごろと六畳一間に七、八人がざこ寝した。大事な観測があるのでハメをはずせないが、雨がふって観測中止となれば、わいわいと酒盛りがはじまる。まだ食べものがとぼしい時代で、観測責任者の富田技官が毎日やってきては、コッペパンやら牛乳などを差し入れてくれた。そのときこっそりと焼酎をおいていってくれたのである。

さて肝心の観測だが、東京天文台より運びこんだ流星観測用の四連儀（四連写カメラを赤道儀《せきどうぎ》に取りつけてモーターで回して星を追尾する）をつかう。乳液をぬったガラス乾板《かんぱん》四枚をそれぞれのカメラに入れてペルセウス座の輻射点《ふくしゃてん》（流星群の中心）に向ける。このとき四つのレンズの角度はすこしずらしておく。カメラを露光させておいて、地球の自転速度にあわせて赤道儀を回せば、流れ星があらわれたとき写真に光跡が残る。これを三鷹の東京天文台と西生田観測所で同時におこなうことで、流星の方位角《ほういかく》・仰角《ぎょうかく》が算出できるのだ。

もっとも三鷹と西生田は直線距離で七キロほどなので、三角測量をもちいてもたいした精度はでなかったのであるが、何しろたくさん観測できたのはよかった。最初の観測では最大ＨＲ《アワーレート》一三〇、つまり一時間に一三〇個の観測ができたから、テストケースとしては上々である。

しかし、ペルセウス座は夏だからいいとして、十二月のふたご座や正月のしぶんぎ座は極寒中の観測なので大変だ。防寒衣を通して冷気がシンシンと伝わってくる。冷えは足元から上がってくるから、常に足踏みしなくてはならない。ふるえながら何度もトイレにかけこんだ。

天文家の仕事は――天体事象の観測とは、つまるところ体力勝負である。多くの知識を得ることも大事だけれども、不規則な寝食や寒暖の差に負けない健康な身体を維持することはもっと大事で、そして何よりもさまざまな労苦をものとも感じないほどの情熱――強い思いこそが天文家の財産なのだ。

西生田観測所には大学三年までよく通った。そのあいだに流星観測だけでなく、惑星や彗星も観測したし、近所の人たちを招いて日食観望会なんてこともおこなっている。望遠鏡に反射板を取りつけて、そこに欠けていく様子を映した。太陽活動とはどんなものか、黒点とは何かなど、かんたんな説明を加えて見せると、みんなとてもよろこんでくれる。昔、物干し台の河原天文台で同級生に望遠鏡で星を見せたときを思いだして、何だかうれしくなってしまった。

三年間ですべての単位を習得した河原は、四年生のときに東京天文台の研究生にえらばれ、一年間を三鷹に通うことになった。大学では太陽研究をおこない、卒業論文のテーマも太陽活動に決めていたから、東京天文台の太陽物理部へ配属されるように大学がはからってくれた。

ここへ来るかぎりは公務員とおなじあつかいとするので、八時半登庁で五時退庁とします——野附誠夫《のづけまさお》太陽物理部長はきっぱりといった。しっかりやりなさいと釘をさしたのだろうけれど、河原はそういわれたのがうれしくてしかたない。何しろ一年の限定であれ、あこがれの天文台で働けるなんて夢みたいだ。

とはいえ毎日の登庁は大変だ。中学二年のとき蒲田から冒険したときも——あれは十年前だ——ずいぶん遠かったけれど、天文台はおなじ場所なのに、いまは自分が横須賀にはなれてしまったから、八時半に間にあうためには、朝五時に起きて、まだ消え残る明けの明星を横目に見ながら家をでて、横須賀駅から大船経由で東京まで行き、中央線に乗りかえて武蔵境まで。そこから、まだバスもなかったので武蔵野の面影の残る小道を三十分かけて歩いた。月曜から土曜まで通って、土曜は半ドン（お昼まで）だけれど、家に帰るのはたいてい八時近くで、ご飯を食べてひと休みすると、次の日に備えて早々と布団に入る。そういえば、あの一年間はあまり星空を見なかった。そのかわり太陽は毎日のように見ていたのだけれど。

担当教官の小野実《おのみのる》先生は、黒縁めがねの奥におだやかな瞳ののぞくやさしい方だ。大変に面倒見がよくて、たとえば見学にきた中学生にも望遠鏡のことや観測のしかたなどをていねいに教えてあげていた。河原は研究生だし、ほかの所員の手前もあるから厳しい口調もしたけれど、ふたりのときは打ち解けたお話もしてくれる。じつはこれまで何度も天文台をおとずれていたので、すでに小野先生とも面識があったのだ。

観測は晴れていれば毎日おこなうし、悪天候のときも器具清掃や書類整理に追われるからいそがしい。とにかく毎朝十時には黒点の定時観測があって、二階建ドームの第一赤道儀室に入る。そこでカール・ツァイス製20cm赤道儀をつかい、投影板に投影させて黒点スケッチをおこなった。

うん。なかなかうまいよ。君はだれかにこれを習ったのかな。はい、教わりました。なるほど。君のスケッチのいいところは正確な記録を心がけていることだ。うまく描こうと変な欲をださないのがいい。これならスケッチを教える必要はないな。

それではシーイングのとらえかたを覚えよう。太陽の視直径はおよそ三十分だ。これは知っているね。はい。全視野から見てわずか〇・四パーセントにすぎないのだけれど、この太陽像全体がシャープになるとき、つまりよいシーイングが得られる時間はすくない。そうなのですか。大気のちょっとした乱れをひろってしまうんだ。だから、ドームをあけて、望遠鏡を太陽にあわせても、すぐにスケッチをはじめてはいけない。たいてい大気の乱れ《シンチレーション》があるから、すこし落ちつくのを待つほうがいい。どのくらいですか。決まっていないよ。でも慣れれば、その瞬間をいち早くつかまえられるようになる。何事も経験ですよ。

夏休みも正月もなく、ひたすら太陽研究に明け暮れた毎日。野附部長と小野教官の指導のもとで、太陽の南北両半球における活動性をテーマに卒業論文を仕上げた。無事に東京理科大学を卒業して、そのまま東京天文台へ入れたなら、もちろんそれは願ってもないことだけれど、それはただちに望めることではなかった。河原は四月より横須賀市内の高校で物理の教員をつとめることになる。

＊＊＊

黄道に沿って運動する太陽系の惑星同士が地球から見てきわめて近い位置にくる現象を合《ごう》と呼んでいる。見かけ上の接近ではあるが、天球では惑星たちのドラマチックな出会いをしばしば目撃する。

地上においても星が出会うことがある。星の文人野尻抱影《のじりほうえい》と童話の天文学者の異名をとった稲垣足穂《いながきたるほ》。この両巨星が生涯にたったいちどの合を果たしたのは一九四九年三月二十三日のことだった。

野尻宅をおとずれた足穂は校長先生の前に立った小学生のように、ぎこちなくおじぎをしたあと、ふたりの会話はうまくかみあわない。けれども、雛段《ひなだん》にかざってあった菱餅《ひしもち》を見た足穂は、これにお目にかかるのは二十年ぶりです。感激だなあといってくすくす笑いだした。そのあと白玉《しらたま》の玉杯《ぎょくはい》でビールをそそがれると、さらに感激して饒舌《じょうぜつ》になる。抱影もマヤ文明の話をして、ほろ酔い気分で謡《うた》いまで披露した。

ふたりを引きあわせた草下英明《くさかひであき》は、抱影の一番弟子であり、また東京で無一物の状態にあった足穂の庇護者でもあった。のちにテレビの科学番組で〝星のおじさん〟として人気をあつめ、星座解説を中心に多数の科学書を執筆している。その最初の著書である私家版『宮澤賢治と星』は賢治作品にでてくる星を考察するもので、〝総天然色「銀河鉄道の夜」〟と題する賢治への想いのこもる文章がそえられていた。

　草下は誠文堂新光社で「子供の科学」「別冊科学画報」の編集にたずさわったあと、平凡社に籍《せき》をおいていた一九五五年暮れ、師匠の抱影から近くプラネタリウムが建設されるという話をきく。一九四五年五月二十五日の空襲で東日天文舘が焼失して以来、東京にはプラネタリウムはなかった。いま科学博物館の村山定男《むらやまさだお》氏らがさかんに運動をしているらしい。

　うまくいけばそこの解説員になれるかもしれない――草下はそう考えた。

＊　＊　＊

　水野良平先生は敬虔《けいけん》なキリスト教徒であった。二十七年間勤め上げた東京天文台の職を辞《じ》したのも、プロテスタント系の横須賀学院が難産の末にようやく創立にこぎつけたのを何とか助けたい一心からである。地位も名誉も捨てて教師へと転身したのだ。天文学者の道を自ら閉ざされた先生は、けれども、星への情熱を失われることはなかった。教職のかたわら「横須賀天文学会」をつくり、星好きの会員相手に天文講義をおこなうとき、先生のお話には星へのあふれるほどの思いがいつも感じられた。

河原は星を抜きにしても、わが恩師を心から敬愛した。だから、先生が教会でお話をするといえば、いっしょについてお手伝いをする。横須賀下町にあった小川町教会、そこで先生は日曜学校の校長先生をやられていた。教会に毎週でかけるうちに河原も自然と信仰心がめばえて——それも、はじめは先生を慕《した》う気持の延長だったけれど、大学二年の春にプロテスタントの洗礼を受けた。

教会の青年会に参加して、行事を手伝ったり、毎週「週報」の原稿を書いたりといった奉仕活動もした。そのころには水野先生とのおつきあいは天文からはなれて、教会での活動が多くなる。ときには先生と他の教会にでかけることもあった。

あれは大学三年生の秋だった。衣笠《きぬがさ》教会の日曜礼拝に先生のお供をしたのだと思う。賛美歌を斉唱《せいしょう》したとき、牧師さんの横でオルガンを弾く女性を見た。きれいな人だなあ。歌い終わるまで、じっと見とれていた。きれい——といってディアナ・ダービンやオードリー・ヘプバーン、原節子《はらせつこ》のような銀幕スターの美しさともちがう感じがする。何ていえばいいのだろう。たとえばマリア様が若かったらこんなふうかもしれない。

河原は教師になってから、すこし時間の余裕ができると、教会に足しげく通った。おそらく天文台に一年つとめて長年の夢がすこしだけかなえられて満足もしたのだろう。それに教師の仕事も自分に向いているように思えた。教職においても水野先生は先達《せんだつ》だから教わることも多い。

夏休みも終わり二学期に入ったころ、水野先生から岩石の研究がしたいから、今度の日曜に埼玉県の長瀞《ながとろ》にでかけないかとさそわれた。河原は鉱物が天文の次に好きで、子どものころにはよく多摩川で石あつめをしたものだった。先生もそれを知っているからさそったのだろうけど、長瀞はちょっと唐突《とうとつ》だなあ。そんなことを考えながら、当日、待ちあわせの横須賀駅にあらわれた先生の後ろに――その人がいた。

あっマリア、思わず口にでそうになるのをようやく押しとどめた。

こちらが先日お話した河原郁夫君、天体物理の秀才でね――石もくわしいよ。河原君、このお嬢さんは美坂千鶴《みさかちづる》さん。彼女のお父さんが私の同僚で数学の先生をしていてね、それに千鶴さんも高校の先生だ。化学のね。だから、今日は教員同士の視察旅行という趣向《しゅこう》かな――

　朝六時、横須賀線横須賀駅をでて池袋までいき、そこから東上線に乗り寄居《よりい》駅で秩《ちち》父《ぶ》鉄道に乗りかえ長瀞へ。およそ三時間の列車旅は楽しい車中となった。ちょっと緊張している河原を水野先生が気づかって、話がはずむようにはからってくれたからだ。

　そうだ千鶴さん、あれを見てもらったら。彼女はナップサックからハンカチのつつみを取りだした。むすびをほどくと、てのひらサイズの鉱物がでてくる。生徒がこれをひろってきたんです。これ何って質問されたけど、よくわからなくて。この石に心あたりはありませんか——そういってさしだした。全体が黄土色《おうどいろ》をして、すごく軽い。

河原は二、三度くるくる回して見てから、グアナですね、といった。燐鉱石《りんこうせき》ともいいますけど、南米でよく採れます。なぜそんなものが横須賀なんかに。その子はきっと工場の近くでひろったのでしょう。よく肥料につかわれますから。石が肥料になるのですか。これは鉱石ではなく化石なんです。海鳥の排泄物のこり固まったもので。え、何ですの。フンです。鳥のフンの化石ですよ——

　そんなことからすっかり打ちとけて、現地につくころにはまるで旧知《きゅうち》の仲のようになっていた。巨石のかさなる岩場を、すこし息をきらしてのぼる。おおきい段差で、思わず手をさしのべた先に、彼女のやわらかな指先が自然とふれた。

川面をライン下りの舟が通りすぎる。

岩の上で三人は手をふってこたえた。

年があらたまった一九五六年の三月、ふたりは横須賀小川町教会で結婚をして横浜に移り住んだ。ふたりを引きあわせてくださった、いわば月下氷人《げっかひょうじん》である水野先生宅を夫婦でおたずねしたのは初夏のころだったろう。そのころ先生は横須賀学院の教員住宅をでて、横須賀市平作《ひらさく》のほうに新居を構えていた。のちに先生は庭にちいさなドームをつくり、そこに10㎝屈折式望遠鏡を据えて、平作天体観測所と名づけている。

私は教師を辞《や》めようと思う。学院のほうもすっかり落ちついたしね。お役御免だ。

先生はゆっくりと話しはじめた。

また星をやるよ。それでは天文台へ戻られるのですか。いやもう報時はね。ミリセカンドに追われるのはどうもいけない。それよりたくさんの人に星の話をしたいな。とくに子どもたちを相手にね。

渋谷にプラネタリウムができるんだ。東日が焼けて十年、東京にまたプラをつくろうと天文関係者が運動してきたのだけど、今度建設が正式に決まった。東急文化会館に大ドームがつくられる。それで、そこの学芸課長を私にという話がでたわけだよ。
それについてなのだが――
河原君どうだろう、君はプラネタリウム解説員になってみないか。

三

星がうまれるとき――

恒星の自転軸の両極からジェットが放出され、周辺のガスやチリなどの星間物質《せいかんぶっしつ》と衝突して、星雲のような輝きを放つ。アメリカの天文学者ハービッグは一九五一年にオリオン座の小三《こ》ツ星にあるトラペジウム（オリオン大星雲のなかにあり、星のゆりかごと呼ばれる）付近の散光星雲《さんこうせいうん》NGC1999に奇妙な星雲状の光を見つけた。当初彼は、たいしたことと思わなかったが、翌年、おなじ発見をしたメキシコのハローの論文を読んで感心し、さらなる研究をこころみる。

ソヴィエトのアンバルツミアンは、ふたりの天文学者の名前をとって、これをハービッグ・ハロー天体と名づけた。そして若い星の集団であるTアソシエーションの形成段階にあるのかもしれないと語っている。

＊＊＊

五島プラネタリウム誕生のいきさつは、その建設に心血《しんけつ》をそそぎ、二〇〇一年の閉館時に館長にたずさわれた村山定男氏による「天文博物館五島プラネタリウムのできるまで」（「天文月報」一九五七年四月号）にくわしく書かれている。

五島プラネタリウムの計画は、一九五五年八月から渋谷駅となりに東京急行電鉄が建設を開始した東急文化会館の出現に結びついたものである――中略――かねてから東京プラネタリウムの建設に関心を持っていた有志の人々は、学術会議長茅誠司《かやせいじ》博士、東京天文台長萩原雄祐《はぎわらゆうすけ》博士、国立科学博物館長岡田要《おかだよう》博士の三氏を中心とした東京プラネタリウム設立促進懇話会の名で、東京急行電鉄会長五島慶太《ごとうけいた》氏に同会館内に是非プラネタリウムを設置されるよう要請したのであった。五島氏はこの申入れに多大の理解を示され、極力研究する旨《むね》回答されたが――中略――公共的、教育的な事業を健全に運営して行くには、新しく独立の財団法人を設立して博物館法の適用をうける天文博物館として発足すべきである、という意見がとりあげられ、この線で進むことも決定した。こうしてプラネタリウムの設置が確定したのは、一九五五年一一月であった。また約七千万円という巨額をかけるプラネタリウムの機械を、この法人に寄附するという決断をされた五島会長の名を記念して、このプラネタリウムを天文博物館五島プラネタリウムと呼ぶこともきめられた。

結成されたプラネタリウム設立準備委員会は東急幹部はじめ各界の協力者をふくめて以後の計画実行に当たったが、天文関係者は東京大学天文学教室の鏑木《かぶらぎ》、藤田両教授、東京天文台の広瀬、畑中両教授、野尻抱影氏、国立科学博物館の朝比奈《あさひな》事業部長及び筆者であった――中略――またこの機関をうごかしていく職員を得ることも大きな問題であった。いかに優秀な設備を持ってもこれを運営するのは人であるから、人選には大いに努力がはらわれた。その結果、多年東京天文台に奉職《ほうしょく》されるかたわら、天文知識の普及に努力された経験のある水野良平氏を懇請《こんせい》して、同館学芸課の主任として迎えることができた。また解説その他の技術面を担当する職員数名もえらばれた。こうして一九五六年は関係者にとってはまことに忙しい年であった――

その夏より本格始動した準備室では、水野良平学芸課長のもとで四人の若者――草下英明、大谷豊和《おおたにとよかず》、小林悦子《こばやしえつこ》、そして河原郁夫があわただしくうごきまわった。肝心《かんじん》の投影装置はまだない。設置予定のカール・ツァイスⅣ型一号機は西ドイツのオーバーコッヘンにあるツァイス・オプトン社で製作がはじまったところだった。東京では投影機がくるまでに、天文博物館として必要なハードウェア、ソフトウェアを用意しなければならない。それをみんなで手分けしてすすめていた。

草下は水野先生とともに番組の制作にかかっている。教育的でなおかつ娯楽性の高いプログラムを用意したい。先日も大阪四ツ橋の電気科学館を視察してきた。やはり解説員の力量だろうネ――最古参のプラネタリウムに感心しながらも、渋谷《うち》らしさをどうやってだそうかナ。そんなことに頭をひねっている。

大谷は館内音響を担当する。演奏者やスクリーンと観客が向かいあう劇場では、左右のスピーカーから音が直線的にとどく。けれどもすべての観客が同心円《どうしんえん》状に並ぶドームでは音の反響がひどく、また、スピーカーの位置によって、やかましい席、ききづらい席ができてしまう。全員に均一な音がひびくように、中央の投影機周辺を囲むように数台、それとドーム天頂付近および約六十度の位置に数台のスピーカーを配置した。さらにドーム内部に細かいガラスでつくる吸収壁《きゅうしゅうへき》を貼って、音の反響を押さえていく――業者と相談しながらの研究である。

小林は文才を活かしてパンフや印刷物などをこなし、パネル展示もくふうした。一見むずかしい宇宙の概念も、やさしい説明とカラフルなデザインで見せていく。けれど日進月歩の宇宙科学は次々に新しい発見があるから、ときにはつくるそばから内容が古くなってしまうこともある。たとえばアメリカの科学者バーデがケフェイド変光星（星自身がおおきさを変える脈動《みゃくどう》変光星で、スペクトルから光度を求め、見かけの明るさと比較することで星までの距離がわかる）の光度計算を見直したら、宇宙の年齢、つまりおおきさが突然二倍になった、なんてことがあるのだ。

興味ぶかい展示物はたくさんある。入口近くにおかれたイギリスのフィリップス社製天球儀は十九世紀初頭のボーデ古星図をもとにつくったもので、いまはない幻の星座が描かれていておもしろい。パリ天文台長をつとめた天文学者ラランドが、私は猫が大好きだ。六十年間の天文学への貢献に免じて猫を一匹空に加えることを認めて欲しい――といってつくったねこ座がうみへび座の長い胴体の下にちんまりとすわっている。

それから野尻先生が寄贈された中国の星宿《せいしゅく》（星座のこと）をあらわす天文図や江戸時代の天球儀など天文古道具を展示したのは、かつて東日天文館がそうした歴史展示物を見せていたことにならったのだろう。

河原は立体展示物を担当した。屋上に設置したシーロスタット望遠鏡は三枚の鏡をつかって太陽光を八階の展示室まで引き入れ、来館者に太陽のライブ画像を見てもらうことができる。プラネタリウム投影機とともに館の目玉というべきものだ。かつて東日天文館にもこの望遠鏡の設置が計画されたが、有楽町は皇居に近いため、高層建築の屋上に望遠鏡をおくことを控えたという。さて、今度こそシーロスタットをと望む理事たちのあいだで河原が研究生として東京天文台太陽物理部にいたことは知られていたから、ひとつ君にお願いしたい、となったわけだ。

望遠鏡を作製する日本光学（現株式会社ニコン）にでかけた河原はいっしょにプリズム分光器の設置も申し入れた。いつか東京天文台のアインシュタイン塔で見た光景が忘れられなくて、理事たちに進言していたのである。

東急文化会館の屋上にふくらむ直径二十メートルの巨大ドームのとなり、南西のすみにちいさな観測ドームがつくられた。その内部中央に傾斜儀《けいしゃぎ》に取りつけた第一鏡が太陽に向けられている。そこでとらえた太陽光は回転装置にのせた第二鏡から、階下までつらぬく潜望鏡のような円筒先端の第三鏡へと順次反射される。最終的に太陽像は円筒の床部分にある対物レンズへと垂直にみちびかれ、八階展示室内の壁面スクリーンに映しだされる仕組みだ。

水野先生をのぞけば草下が職員四人のなかでは最年長で、それに外向的な性格だったから、自然リーダー的な役割を果たしていた。なかでも河原とはよく気があった、というのもふたりは宮沢賢治の大ファンだったからだ。

僕は星を見るとき、いつも銀河鉄道のことを思うよ。ぼくも賢治のなかであれがいちばん好きだ。何だか僕らの仕事ってブルカニロ博士みたいじゃないか。なるほど、北十字から南十字まで銀河めぐりの旅か。そんなのをプラネタリウムでやりたいね。僕もおなじことを考えたんだ。でも理事たちはもっと天文学的なのがいいって。とくにうちの先生がそういうのは、あまりいい顔しなくてネ。野尻先生かい。うん。何しろ星に一途《いちず》だから。みんなこわがるけど、あの方はすごく純粋なんだ――

草下が気さくに話すのは、河原を弟のように思ったからかもしれない。六つ下というのもあるが、出版界などで人にもまれてきた自分とくらべ、ずっとうぶに感じた。そのくせ自分より先に妻帯者――草下も翌年に結婚する――というのだからネ。

でも、もうすこし給料がよくならないかなあ――草下がどんぐり眼《まなこ》をくりくりさせていう。彼らは東急の臨時社員のあつかいだから、大学初任給が一万三千円くらいの時代にこれに満たない給与だった。開館後は正式採用となってすこしふえるが、高給取りとはいかない。草下は文筆家で、前年出版した星座解説の本が好評だから、いくらか余禄《よろく》もあるけれど楽な生活ではない。まして新婚さんは大変だ。

ただ役得《やくとく》というのではないけれど、東急が社員用無料パスというのをくれたのはおおいに助かった。バスも電車も無料でどこまでも乗れるありがたいもので、草下はこのパスをジョバンニの切符と呼んでいた。

河原がもうひとつ手がけた展示物に星座ジオラマがある。かつて五島プラネタリウムへいった少年少女にはなつかしい機械ではないだろうか。ロビーのいちばん奥の壁面に春・夏・秋・冬それぞれを北南両半球にわけて八台並んでいた。ボタンを押すと、星座、明るい星、変光星、星雲・星団が点灯するので、子どもたちはよろこんで押しまくったものである。二〇〇一年の閉館までの四四年間、いちどつくり直したけれど、館の名物展示として人気をあつめていた。

最初は理事のほうから何か星座の学習機を考えてくれないかといわれたのだ。投影を見たあとに子どもがおさらいできるようなものが欲しい。

河原はまず豆プラネタリウムのようなものをイメージした。ピンホール式の小型投影機があるけれど、あれよりもずっとちいさくて、何も丸天井に映さなくてもいい。平らな恒星原板をスライド式に切りかえて壁に投影したらどうだろう。だが、どんなに小型なものであれ、投影装置となると暗くしなければならない。展示室に暗幕《あんまく》を張るわけにはいかないし、それに子どもらが自分で操作できるものでないとおもしろくないなあ。

そうした試行錯誤《しこうさくご》のすえに、投影ではなく四半球の内側に天空を表現して、星のひとつずつに電球を取りつけたのを手もとのスイッチでオン・オフさせる方法となった。だいたいこんなかたちだろうと思い描けたときには、わりとかんたんにつくれそうな気がした。

けれどもこれが容易でない。まず星座の原図が必要なのだが、いまは球面プリントなどかんたんだけれど、当時は曲面に正確な星図を記すことはおそろしくやっかいであった。たとえば透明フィルムに星座を印刷して貼りあわせようとするが、どうも無理がある。けっきょく球体の内側に直接星をプロットするのが現実的だった。何のことはない、道具こそ現代のものをつかうが、古代人が壁画《へきが》を描くのと変わらない仕事だ。

河原はかつて父につれていってもらった万世橋の交通博物館（旧鉄道博物館といった）のなかにある榎本模型製作所に二カ月近く通いつめて星座ジオラマをつくった。同所の作業場の片隅に四半球体を固定してもらい、内部に石膏《せっこう》をぬったところへ星図を描くのだが、これがなかなか大変だ。星をプロットするために細かい赤経、赤緯の線が必要で、これを引くために球面にフィットするやわらかな定規と、支点が石膏にぴたりとくっつくコンパスを特別にあつらえた。

北天は天頂から子午線《しごせん》を引き、三十五度くらいところを天の北極としたら、そこを中心に緯度線を描けばいい。問題は南天のほうで、天の南極は地平の下となるから中心点は決められない。それでまず子午線を引いておいて、天頂から三十五度下がったところを天の赤道を決めて、そこから等分していくのだけれど、なかなかうまく引けない。とうとう館に連絡して水野先生に手伝いにきてもらった。定規を手で押さえてもらうとか、いろいろ雑用もお願いする。ふたりして石膏まみれになりながらの作業が終わると先生は、生まれてこのかた、こんなにこきつかわれたことはないよ、と笑いながら帰っていかれた。

とにかく八台分の赤経・赤緯が引けたので、今度はそこに星を描き入れる。それには東京天文台からお借りしたFK3星表（一九三七年から六三年まで国際的に採用された基本星表 Third Fundamental Catalogue）から三等星までと一部の四等星をピックアップし、等級ごとの星の位置を星座別に記していった。

等級のちがいは石膏にあける穴の直径で決める。一等星8㎜、二等星6㎜、三等星4㎜、四等星以下は2㎜とし、プラスチックの棒を短く切ったものを埋め、また、一等星など有名な星や天体の固有名も記した。

操作パネルと個々の星に取りつけた豆球とが電線でむすばれていて、星座名のついたスイッチを押すと、それに対応する豆球グループが点灯し、星座のかたちが四半球にうかぶようになっている。

河原はひととおりの作業を終え、残りの仕事を榎本模型製作所の人たちにお願いすると、ひさしぶりに館のほうへ顔をだした。そこで、ちょうど学芸室からでてきた水野先生と草下英明に会う。外は雪がふっているのかい。河原の背中についた石膏を手ではらってやりながら草下はいった。河原君、いよいよ投影機がくるよ。水野先生の声が明るい。ツァイスがようやく完成して西ドイツを発《た》ったそうだ。

東急文化会館は一九五六年十二月一日に開館し、一階の「渋谷パンテオン」ではロナルド・コールマン主演の海賊映画『放浪の王者』が封切られていた。けれども目玉施設であるプラネタリウムは開館にはまにあわず、翌年四月一日開業にずれこんでしまう。それもツァイス社には極力納期の短縮を要請した上でのことだった。

このプラネタリウム建設に関係者が頭を悩ませたのが投影機の選定である。プラネタリウムの老舗ツァイス社は戦後東西ドイツにわかれてしまい、またツァイス機をまねてつくったアメリカのモリソン機械やスピッツ社もあった。それに国産もつくられようとしている。どこがもっとも信頼できる製品だろうか。最終的に西ドイツ側のツァイス社が開発中の最新機納入を約束したことから契約にいたった。

機械をのせたドイツ船ハーフェルスタイン号は地中海からスエズ運河を通って紅海《こうかい》を抜ける予定をしていた。しかし、エジプトのスエズ運河国有化宣言を機にイスラエル、イギリス、フランスとエジプトのあいだに起こった紛争、いわゆるスエズ動乱の勃発《ぼっぱつ》があって、急きょアフリカ大陸をケープタウン回りでの航路となる。それでもおおきなおくれはなく一月下旬に無事横浜港に到着した。

次は機械を館内に運び入れる作業である。機械組み立てのためにツァイス社より派遣されたドイツ人技師フィーヴェグとボルネマンが到着したとき、東急文化会館側面に木材が組まれているところだった。これは何をするものだ？　けげんな顔のドイツ人の前に法被《はっぴ》姿の棟梁《とうりょう》があらわれ、紐でこいつを吊り上げるんでさあ、といった。ふたりは信じられないと顔を見あわせる。このころ日本では鉄骨クレーンなどというものはつかわれない。熟練のもやいむすびでコンテナをくくると、せーの、かけ声よろしく総重量二トンの荷がもち上がった。

おい、精密機器なんだぞ。技師たちが悲鳴を上げる。じゃがいもを運ぶのとわけがちがうんだ。頭をかかえるドイツ人をよそ目に、作業員たちは大汗をかきながら、ほい、ほい、と声をあわせてロープを引く。滑車がぎりぎりと音をたてると荷はふわふわ上っていった。そうして屋上にたどりつくと、八階の天井を一部はがしたところからドーム内へとようやく運び入れた。

その日からフィーヴェグとボルネマンは機械の組み立てを急ピッチですすめた。本体が組み上がり、ドーム中央への据《す》えつけが完了すると、機械係と解説員五人をあつめて、操作やメンテナンス方法を何日にもわたって講義してくれた。

職員はおのおの独和辞典を手に必死に聴講している。ふたりのドイツ人はその熱心さにいたく感心して、身振り手振りをまじえながら、ていねいな説明をほどこしていく。だれかが、はいっと手を挙げて質問をすると、おっと、そいつは禁止事項《Verbotene Sache》だよ。すこし顔をくもらせた。

投影機の取扱いの習得とあわせて番組解説の準備もあわただしい。とくに話し方の練習に力を入れた。それにはＮＨＫアナウンサーが指導にあたり、細かくチェックしてもらう。

では河原さん、いまのところをもういちどしゃべってください——はい。わかりますか。日付変更線がしづけへんこうせんになっています。東京の蒲田育ちの彼は「ひ」と「し」がときどきひっくり返ってしまう。

ひこ星・日時計・ヒアデス・ヒッパルコス——口のなかで何度もくりかえして練習した。

ほかの人の話すのをきいて河原はみんなうまいなあと感心する。草下さんはオールマイティな人だから何をやらせても上手だ。小林さんは記憶力抜群でややこしい発音もすらすらできる。明るくわかりやすい解説が売りものだろうな。大谷さんはいい声をしている。でも、本人にいわせるとすこしあがり症だという。番組前に薬を飲んでいた。鎮静剤だろうか。でも、じきに飲まなくなった。緊張しても平気なように話し方をくふうすることで克服してしまったのだ。あの独特な長くのばした発声がかえって人気を呼んで名物解説員となった。怪我《けが》の功名《こうみょう》だろう。

プラネタリウム解説にこれが正解というものはない。むしろ自分の話し方を前面にだしたらいい。河原は無声映画を語りですすめる活動弁士《かつどうべんし》が好きで、なかでも徳川夢声《とくがわむせい》のファンだった。吉川英治《よしかわえいじ》の名作『宮本武蔵』を朗読するときの、ムサシが——という独特の言い回しにしびれてしまう。自分も夢声みたいに話したいなあ。

きっとギリシャ神話がチャンバラ映画みたいになるのでしょうね。小林が笑いながらいう。アルゴ船の舳先《へさき》に立ってムサシは——河原は口まねしながらつづけた。天文知識の普及も大事だけどさ、観客を夢中にさせる弁士みたいな番組にしたいな。

プラネタリウム弁士ですかあ——「ぷらべん」ですね。それから五島プラネタリウム職員のあいだで「ぷらべん」という言い方が流行った。

プラネタリアンということばは、ちょっと苦手だ。自分がこの仕事についたときに専門解説員は大阪市立電気科学館と五島プラネタリウムに五人ずつ、あわせて日本に十人しかいなかった。職業として認知されておらず、お手本もなく、何をするにも手さぐりという時代だ。そういう草創期をバタバタとすごしてきたから、いまさらプラネタリアンを自称するのはちょっとしゃらくさい気がする。それで、このごろは星空案内人を名乗っているけれど——

河原はいまでも自分のことを「ぷらべん」だと思っている。

四

一九五七年は国際地球観測年（IGY）が開始し、世界の科学者が協力しあい地球物理、天文、電波科学、気象、海洋、地震、太陽活動、極地など諸分野の研究プロジェクトがすすめられた。地球磁場にとらわれた陽子、電子が地球全体をドーナツ状に取り巻くヴァン・アレン帯の発見や、地球表面が十五のプレートからなり、マントル対流により移動するプレートテクトニクス理論の確認などがあった。日本は南極観測に乗りだし——これに反対する国もあったが——昭和基地を建設している。

そうしたなかで十月四日、ソヴィエト連邦が突然、世界初の人工衛星スプートニク一号を打ち上げた。当時ソ連は科学技術分野では後進国と見られていたから、人工衛星が落下せずに宇宙空間を飛べるのはなぜか。そもそも何の目的で打ち上げたのか。さまざまにミステリアスな憶測《おくそく》がささやかれ、スプートニク・ショックという現象を引き起こした。ほんとうはわからないが——識者たちは口をそろえてこういうのだ。

人類は宇宙時代に突入した――

スプートニクをこの目で見ようと、国立科学博物館の村山定男を班長とする人工衛星観測班が組織され、五島プラネタリウムから草下英明も参加する。彼はのちに著書『星日記』（一九八四年・草思社）のなかに、次のように記した。

午後五時すぎ、位置計算をしていた木村精二《きむらせいじ》氏が、「くるぞ、くるぞ、きますぞ」といった途端《とたん》、「ホラ、きた！」とだれかが天空の一角を指した。薄暮《はくぼ》の中を、一等星、いや、もっと明るく見える光体が東北の空からあらわれ、南へゆうゆう飛んで消えた――

よくサプライズなどといわれるが、ほんとうはどれほどの驚きをいうのだろう。

十一月三日、ソ連が再度スプートニク二号を打ち上げたことに世界が仰天《サプライズ》した。何と周回《しゅうかい》する衛星に犬が乗っていたからである。

＊＊＊

四月一日に開館すると五島プラネタリウムは連日満員の盛況ぶりだった。日曜日にはチケットを求める列が八階から一階までつづいた。その多くは親子づれで、はじめて見るプラネタリウムに子どもたちはおおさわぎである。映しだされる満天の星にスゲー、土星のスライド写真を見てオー、流れ星が降るたびにキャー——

関係者はほっと胸をなでおろした。彼らはプラネタリウムが子どもたちの心をつかむはずだと思ったけれども、ほんとうに現代っ子を驚かせる投影ができるか、すこし不安もあったからだ。子どもたちがはしゃぐのは、自分たちのやり方がまちがってなかった証《あかし》に思える。

記念すべき初番組となる一九五七年四月のプログラムは「春の星座と日食」だった。なぜ日食がテーマかというと、四月三十日にシベリア北部で金環日食《きんかんにっしょく》があり、日本でも部分日食が見られるからである。東京では二十パーセントほどが欠ける程度だが、〝五プラ〟ではご自慢のシーロスタット望遠鏡がいよいよその威力を発揮できると期待した。

午前六時五十分、日の出まもない太陽を屋上ドームの第一鏡がとらえた。八階では河原が緊張ぎみに画像を調整している。シーイングはまずまずだ。モニターにくっきりと太陽像が映しだされる。午前七時六分、いよいよ日食のはじまり「食既《しょくき》」だ。太陽下部が目に見えないカンナですこしずつけずりとられていくように、七時五十四分、最大食の「食甚《しょくじん》」をむかえる。それから、すこしずつ戻っていき、八時十六分に欠け終わりの「復円《ふくえん》」となった。観測は大成功だ。状況を見つめていた研究者や関係者、観望におとずれた人びとは予想以上にクリアな太陽像に感心した。

つづいて翌月六日には水星の太陽面通過が見られることになっていた。東京では午前八時五十六分より約二時間半にわたり太陽上面を水星が通っていく様子を、シーロスタットがとらえるはず――であったが、当日、関東地方はあいにくの曇天で、けっきょく天体ショーを見ることができなかった。

プラネタリウム番組は一般投影とは別の特別投影がある。日曜日午前十時の「子供天文教室」は、水野学芸課長による名物番組となった。子ども向けの星の話がしたいと先生がいつかいっていたのを思いだした。その解説はちいさな子でも理解できるようにやさしい口調だけど、星はどうしてうまれるの、とか、宇宙の果てはどうなっているの、なんて科学的なものから、クリスマスの星をさがそう、という神秘的なものまで、ふかい内容を楽しく教えてくれる。それが大人気で、日曜の朝は子どもづれの来館者であふれた。

開館当初の来館者は団体客が一般客とおなじか、それよりもすこし多かった。それは修学旅行のコースに組みこまれたからで、地方の生徒たちがわんさとやってくる。そういうときは事前に平日の午後の回を団体向けにあけて対応した。

アメリカンスクールの見学というのもあった。米国人子息相手に英語投影をしなければならない。ちょうど草下の奥様が早稲田の英文科出身で、当時PANA通信社——Pan-Asia News Agency 香港に本社を置いて、アジアのニュースを世界に配信した——の記者をされていた。そこで番組原稿を英訳してもらい、器用な草下が解説に挑んだ。生徒たちの反応はやけによくて、ときおり笑いや拍手が起こる。投影が終わって得意げにでてきた草下はそばできいていた夫人から、あの子たちはまるで意味の通じない英語を笑ったのよといわれ、がっくり肩を落とした。

人類初の人工衛星スプートニクにゆれた一九五七年、五島プラネタリウムの初年度は七十万人の入場者数を記録した。最初はプラネタリウムを知らない人びとのものめずらしさもあったのだろう。ほどなく同館は東京の観光名所として定着していき、以後二十年間は年間入場者四十〜五十万人と安定的な人気を維持していく。

ちなみにその人気にかげりが見えるのは一九七〇年代半ば以降で、それは米ソ宇宙開発競争の終わりとだいたい一致している。宇宙時代の熱気が何となく冷めてしまって、プラネタリウムも目新しいものでなくなったのかもしれない。また、ときをおなじくして全国各地にプラネタリウムが設置されていった。小中学生が学校行事として地元プラネタリウムにいくようになり、これが老舗プラネタリウムの入場者減に影響したことも否《いな》めないだろう。

七〇年代以降に全国自治体へとひろまったプラネタリウムの学習投影は、河原郁夫がその中心的存在となってすすめられた──だが、それはまだ先の話である。

一九五七、八年には宇宙時代ということばも新しく、プラネタリウムは新奇《しんき》な驚きに満ちていた。解説員も観客といっしょになって夢中で仕事をしたにちがいない。そんな時代の舞台裏をのぞいてみよう。

はじめのうち五島プラネタリウムの投影はふたりひと組でおこなわれていた。

解説台《コンソール》に立って解説する役と、解説台の反対側にある調整室のなかで音響を管理する——おもにレコードをかける——役である。解説台をオモテ、調整室をウラと呼び、オモテ・ウラは解説員五人が輪番《りんばん》でつとめた。オモテの解説員は一時間話しつづけるので大変だが、じつはウラも相当気をつかう仕事である。

プラネタリウム番組は事前に用意した台本に沿って進行する。それにあわせて、夕ぐれのときはこの曲、星座解説がひととおり終わったらこの曲、夜明けはこの曲、と選曲順が決められているから、ウラ方はそれらのレコードを用意しておいてタイミングよくかける。

ところが解説はそれぞれが個性的な語りをするし、台本を棒読みすることはけっしてしない。だから音楽を入れる間合いはオモテ方の話をウラ方がしっかりきいていないとうまくいかない。この呼吸があわず、変なところで音楽が鳴りだすなんて失敗もあった。それに調整室は解説台とおなじく暗がりなので、手さぐりに近い作業となり、レコードに針を落とす動作も容易ではない。

BGM再生は、ほどなくレコードからオープンリールへと変わった。前もってオープンデッキに録音しておいて、曲間にセンシングテープという銀紙のようなものを貼る。そこの位置にくると物理的に停止するようになっていた。それで作業は楽になったのだが、毎日何回もかけるうちにセンシングテープが摩耗する。そうなるとテープリールが停まらずに、いつまでも音楽が流れてしまった。昔の投影にはそうした失敗はよくあった。

投影につかう曲は一週間くらい前からレコードを聴いて選ぶ。館内にライブラリーがあるが、クラッシック音楽が好きな河原は自分でもレコードをそろえていた。といっても給料が一万円程度のころにLPレコードは一枚二千円もしたから、二、三カ月に一枚買えればという贅沢品《ぜいたくひん》である。レコードを買うためにアンプやターンテーブルは自作で安く上げた。

解説員のなかで大谷豊和が音響に関してプロ並みで、オーディオマニアとしても知られた。河原ともよくクラッシック音楽談義に花を咲かせたものである。

あるとき東日天文館でかかっていた曲について話したことがあった。夜明けの場面でツィゴイネルワイゼンが必ずかかっていたね、とか、日の入りはバッハのG線上のアリアが多かった、なんてことで盛り上がる。あのころは蓄音器《ちくおんき》でしょう。うん。でも電蓄《でんちく》だよね。手廻《まわ》しじゃあ、途中でうぅぅんって。止まっちゃいますね。

先月やった曲は何ていいましたっけ。ええと、マドンナの宝石かな。いや、夜明けのほうのやつ。ああ、ヘンデルのラルゴだ。そうか、あれはよかった。いつまでもきいていたくなったもの。僕もね、ときどき解説を入れないで、音楽だけで星を見せたいな、と思うんだ——そう語った大谷はのちに「星と音楽の夕べ」という特別投影をはじめている。土曜日夜七時からの大人向けプログラムで、大変に人気をあつめ、二〇〇一年の閉館までつづいた。

開館当初は楽曲選択もふくめて番組内容は館の理事・評議員からなる学芸委員会がチェックしていた。天文知識の普及という館の理念にあわないとダメだしをされる。その基準は何だろうと考えると、おそらく東日天文館へのオマージュがあったのではないか。五島プラネタリウムは最初からノスタルジーを引きずっていたように思える。

草下は堅苦しさを感じると、ああ、もっと自由にやらせて欲しいといった。河原はそんなふうに考えたこともない。不満なんて感じる暇《ひま》もないほど、毎日が無我夢中のうちにすぎていったからである。

そう、無我夢中だった。何事も手さぐりでおこなう。でたとこ勝負というか、常に現場のなかで鍛《きた》えられるところがあった。

その割におおきなまちがいがなかったのは幸いだろう。いや、音楽がでないとか、ことばにつまるといった失敗は日常茶飯事なのだけれど、そうしたことは経験によって、しだいにうまく対応できるようになる。それよりも操作を誤ってしまい、たとえばあまりに急激に暗くして幼児をこわがらせるとか、気分を悪くさせるとか――ないわけではないが、大事にいたることはなかった――そういう事故が起きないよう、常に心をくばる必要があるのだ。

事故というのではないが、いちど爆弾さわぎがあった。開館二年目の十一月三十日のことである。朝、プラネタリウムを爆破するというイタズラ電話があって、日曜日だったが、いちおう臨時休館の措置《そち》がとられた。職員も早めに帰宅することになり、草下はちょうどいいや、今日家にテレビがくるんだとよろこんだ。先ごろ三冊目の著書をだしてふところも暖かかったのだろう。大枚はたいて買ったテレビで手塚治虫の実写版「鉄腕アトム」を観たと『星日記』に記している。

翌一九五九年八月一日、皇太子ご成婚パレードの中継があり一般家庭へのテレビ普及台数がぐんと上がる。新しいもの好きの草下がテレビというメディアに興味をもったのも当然だ。それに編集者時代からあちこちに顔もひろい。だからその年の十月にKRテレビ（現TBSテレビ）から「百万円クイズ」の番組司会者を依頼されたときに、どうしても断れなかった。彼はプラネタリウムの仕事とかけもちできると思った。

けれども館の学芸委員会はそれをゆるさなかった。とくに師である野尻先生は、ほかの仕事と二股かけるのはぜったいに駄目だという。プラネタリウムかテレビがどちらかに決めろといわれた草下はとうとう辞表をだして館を去った。

野尻先生の怒りを買ってしまった草下は、それから五島プラネタリウム関係者とは一切の連絡を断っている。河原がふたたび彼と会ったのは十年以上たってからのことで、国立科学博物館の子ども向け講座の会場でばったりと顔をあわせた。ふたりとも小学生の娘をつれていた。草下はちょっと照れくさそうに、今日はおたがい父親参観だね――そういって、昔のように眼をくりくりさせて笑った。

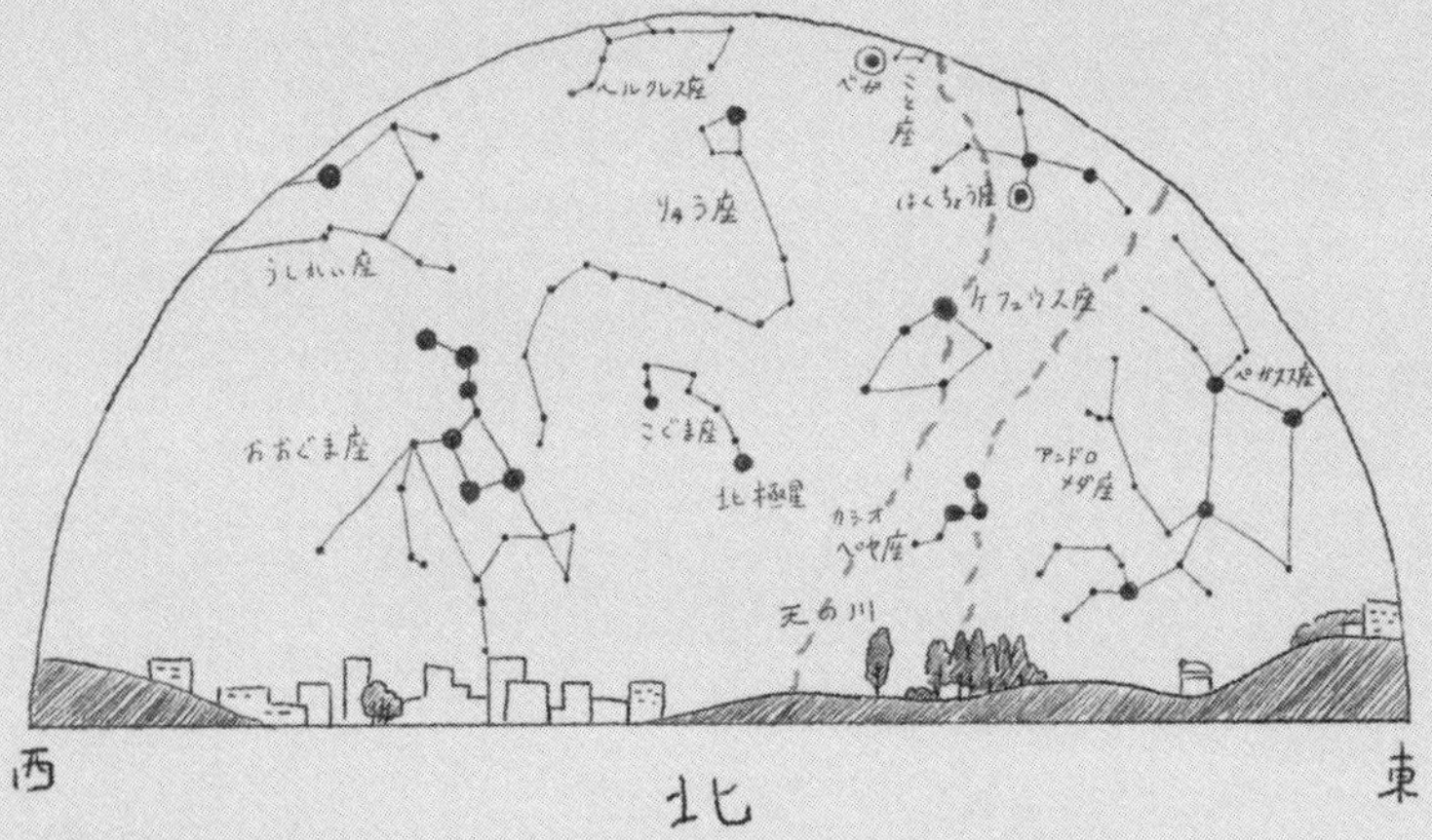

▲北の夜空

夏の話題 ～銀河をめぐる旅～

夕涼みに空を見上げれば　七夕の星が輝き夏休みに海や山にでかけて　うつくしい天の川をながめられるかもしれません。夏は思い出の星空と出会う絶好の季節です。

毎年八月十三日前後に極大をむかえるペルセウス座流星群は　明るい流れ星が一時間に三十個から六十個も見られます。でも　昔の人はたくさんの流れ星が飛ぶのを　かなしみの象徴ととらえました。ヨーロッパではこの流星群を　西暦二五八年に殉教した聖人にちなみ「ローレンスの涙」と呼んでいます。

流れ星はチリほどのちいさな物質が高速で地球の大気に突入して発光したものです。では

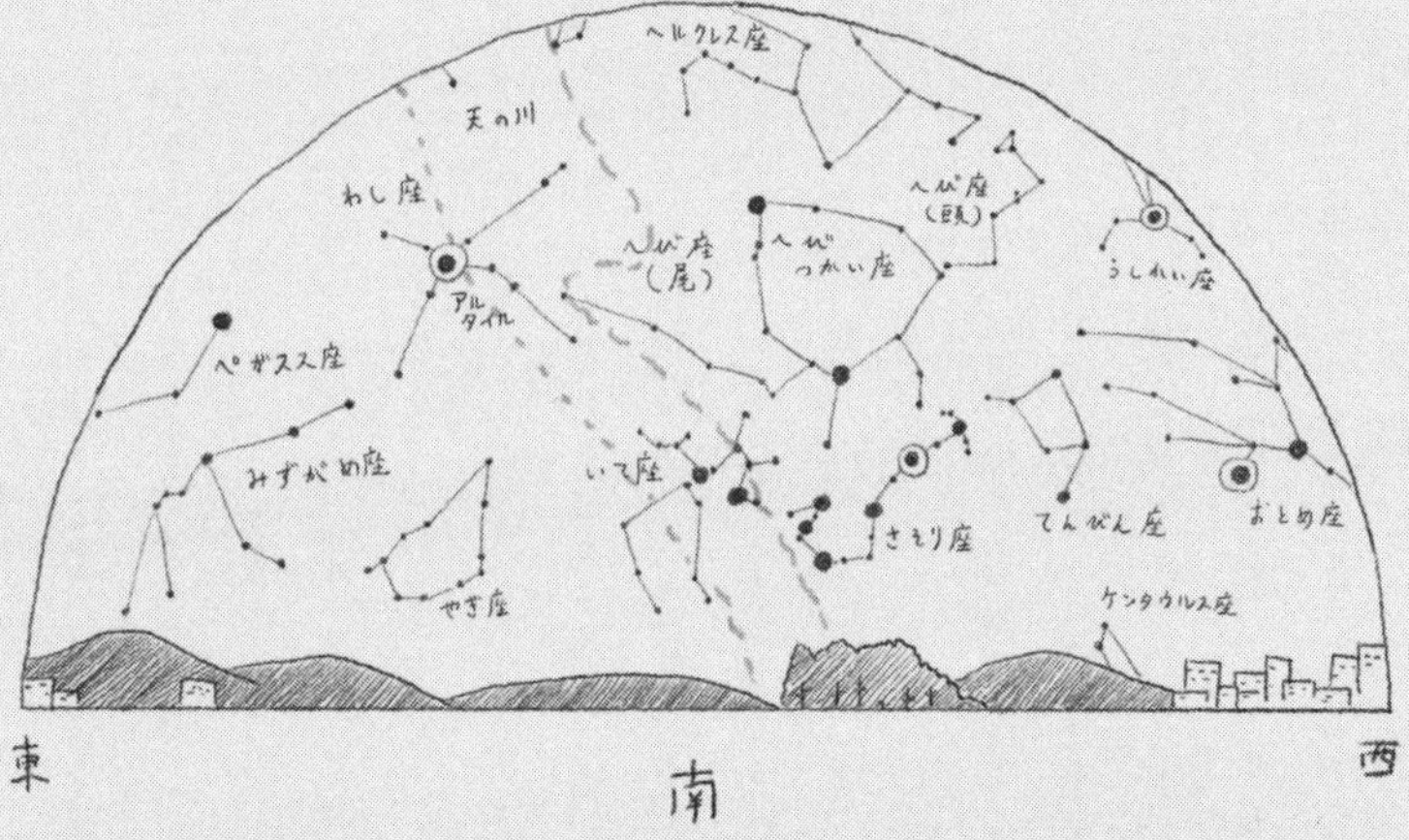

▲南の夜空

いちどきにたくさん飛ぶ　流星群はどうして起こるのでしょうか。

流星群のもととなるチリの一団は　おおきな楕円を描いて太陽をまわる彗星の残していったものです。毎年決まった時期に　彗星の軌道上に地球が位置することで　多くの流れ星が飛ぶわけですね。彗星が流星群の母天体とわかったのは　一八六二年にペルセウス座流星群のもとであるスイフト・タットル彗星の発見がきっかけでした。約一三三年周期で回帰するため　一九九二年にもあらわれています。

七夕の織姫《おりひめ》ベガと彦星《ひこぼし》アルタイルは年にいちど　天の川をわたって逢うことができます。勤勉だったふたりは　新婚生活をなかよくすごすあまり　機織《はたお》りの仕事をしなくなり　それを見かねた天の神様によって　天の川の両側に引き離されてしまいました。ふたりはかなしみ　泣き暮れて　より働かなくなったので天の神様はしかたなく　年にいちどだけ　逢うのをゆるしたのだといいます。

　こと座ベガとわし座アルタイルは十五光年離れていますから　たとえメールを打っても相手にとどくのに十五年　返事は三十年待たなければなりません。遠距離恋愛のむずかしさは天球でもいっしょですね。

　地球からの距離は　織姫《ベガ》が二十五光年彦星《アルタイル》は十七光年あります。何百万年のあいだ織姫《ベガ》は常に明るく天の川の岸辺をゆっくりうごくでしょう。いっぽう彦星《アルタイル》は明るさを変えつつ　天球を西南から東北方向へおおきく移動します。七夕は星の運動をめぐって　過去から未来へとつむがれるメロドラマです。

　いまから五十万年前　彦星《アルタイル》はずっと暗く空の離れた位置にありました。この星が一等星となったのは約五万年前で　このとき織姫《ベガ》の近くによりそったのです。

　そうして現在　天の川の両側で別居中のふたりが　ふたたびいっしょになるのは無理かもしれません。これから何十万年かけて彦星《アルタイル》はおうし座の方向に離れていくからです。いっぽう織姫《ベガ》のそばには　べつの明るい星が輝きあらたな彦星となるでしょう。

　われらの太陽は彦星にはなりませんが　それを望んでいるふしがあります。なぜなら　地球をのせた太陽系は毎秒十九・五キロメートルの速度で織姫《ベガ》の方向にすすんでいるからです。もっと

も近年の観測で　太陽の意中の女《ひと》は　織姫《ベガ》近くのヘルクレス座ξ《クシー》星だとわかってきました。

太陽向点へすすむ。いまこの瞬間にも私たちは宇宙空間を　らせんを描きながら　そう銀河を旅しているのです。

宮沢賢治の「銀河鉄道の夜」は夜の軽便《けいべん》鉄道にのって　はくちょう座の北十字から南十字まで　銀河を旅するお話です。

プラネタリウムでは　銀河鉄道にかわって銀河をめぐる旅にご案内することができます。ジョバンニとカムパネラの旅路を天球上でたどってみましょう。

こと座近くの「銀河ステーション」から　天の川左岸に沿って走る銀河鉄道の最初の停車場は「北十字」です。

はくちょう座は　白鳥が羽をいっぱいにひろげた姿が空に見事な十字を描きます。「尾」を意味するデネブの見た目の光度は一・二等にとどまりますが　これは一四〇〇光年の距離にあるためで　ほんとうは太陽の七千倍ほどの輝きをはなつ星です。デネブから北十字の交点の星サドルにかけて　天の川の流れをわかつように　まっ黒い星のない領域がありますね。ここは二六〇〇光年先に存在するおおきな暗黒星雲によって　天の川がかくされています。暗黒星雲のなかでは星間ガスがあつまり　星が次々にうまれ　アソシエーションや散開星団など若い星の集団をつくると考えられています。

「アルビレオの観測所」は　白鳥のくちばしにあたる星　アルビレオのことです。とてもうつ

くしい二重星で　小望遠鏡でも　オレンジ色の主星と青色の伴星のコントラストがくっきりと見えるでしょう。賢治も青宝玉《サファイア》と黄玉《トパーズ》が輪になって回る様子を描いています。

「鷲《わし》の停車場」は彦星《アルタイル》のあるわし座です。途中下車して　近くの星座を見ましょう。

へびつかい座は　かま首をもたげたへびをつかむ大男が　夏の南天にひろい部分を占めています。へび座はその両側に　頭としっぽが別々にわかれるめずらしい星座です。

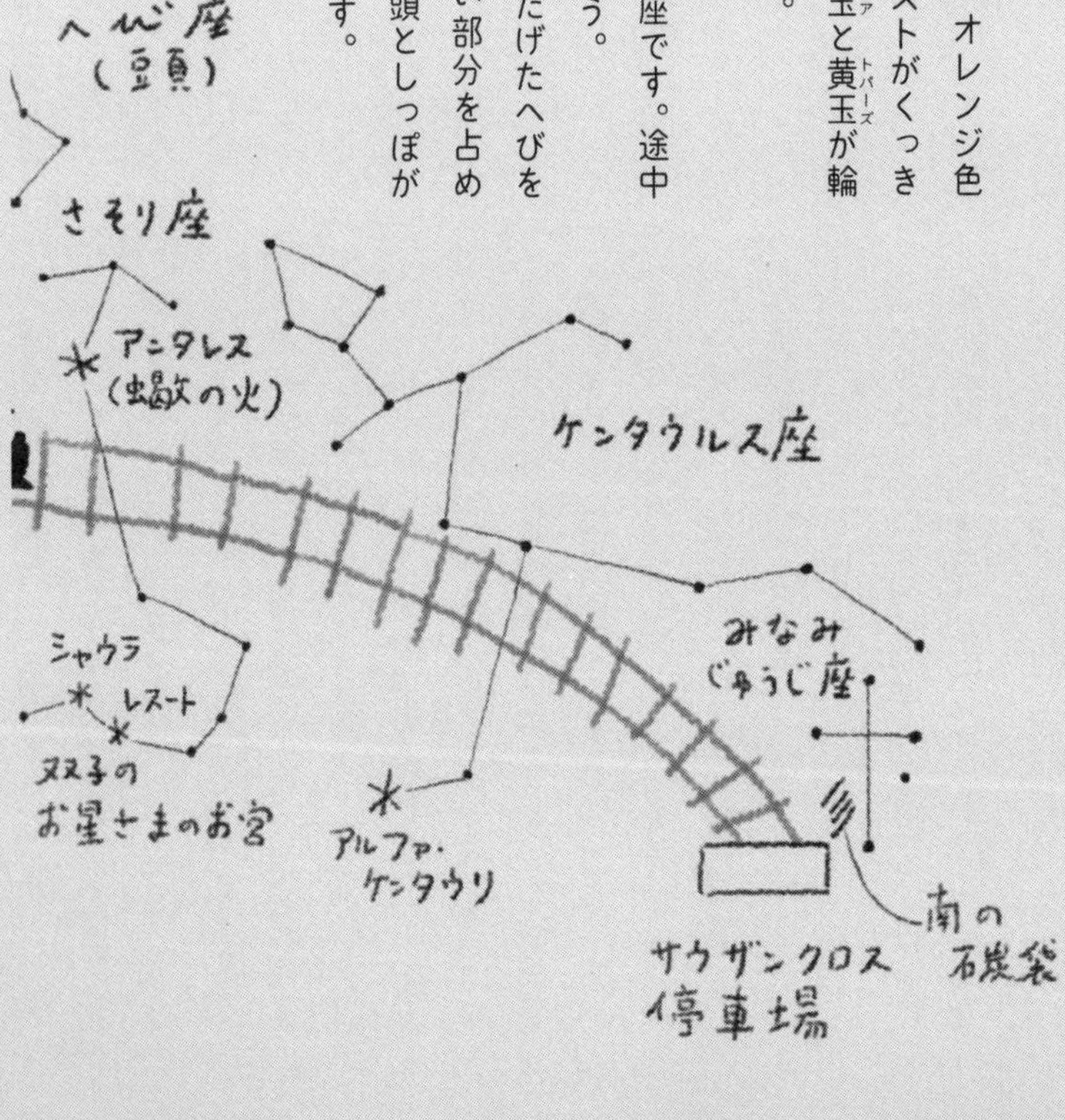

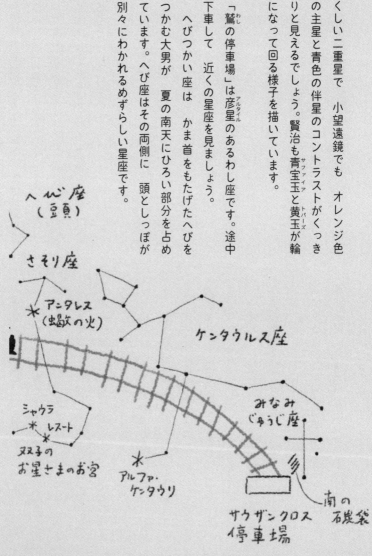

へびつかい座の右肩あたりにはバーナード星があります。地球から六光年とアルファ・ケンタウリに次いで二番目に近い星ですが　固有運動がおおきく　毎秒一〇八キロでうごく高速星で　約一八〇年で見かけ上は満月ひとつぶん移動します。

　最も明るいα星は「へびつかいの頭《ラスアルハゲ》」という二等星ですが　すぐそばに　よく似た名前の星「ひざまずく者の頭《ラスアルケティ》」という三等星が並んでいます。こちらはヘルクレス座のα星です。ギリシャ神話の英雄ヘラクレスをかたどる星座

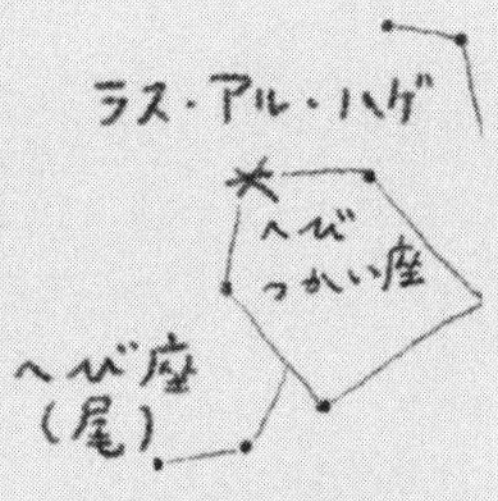

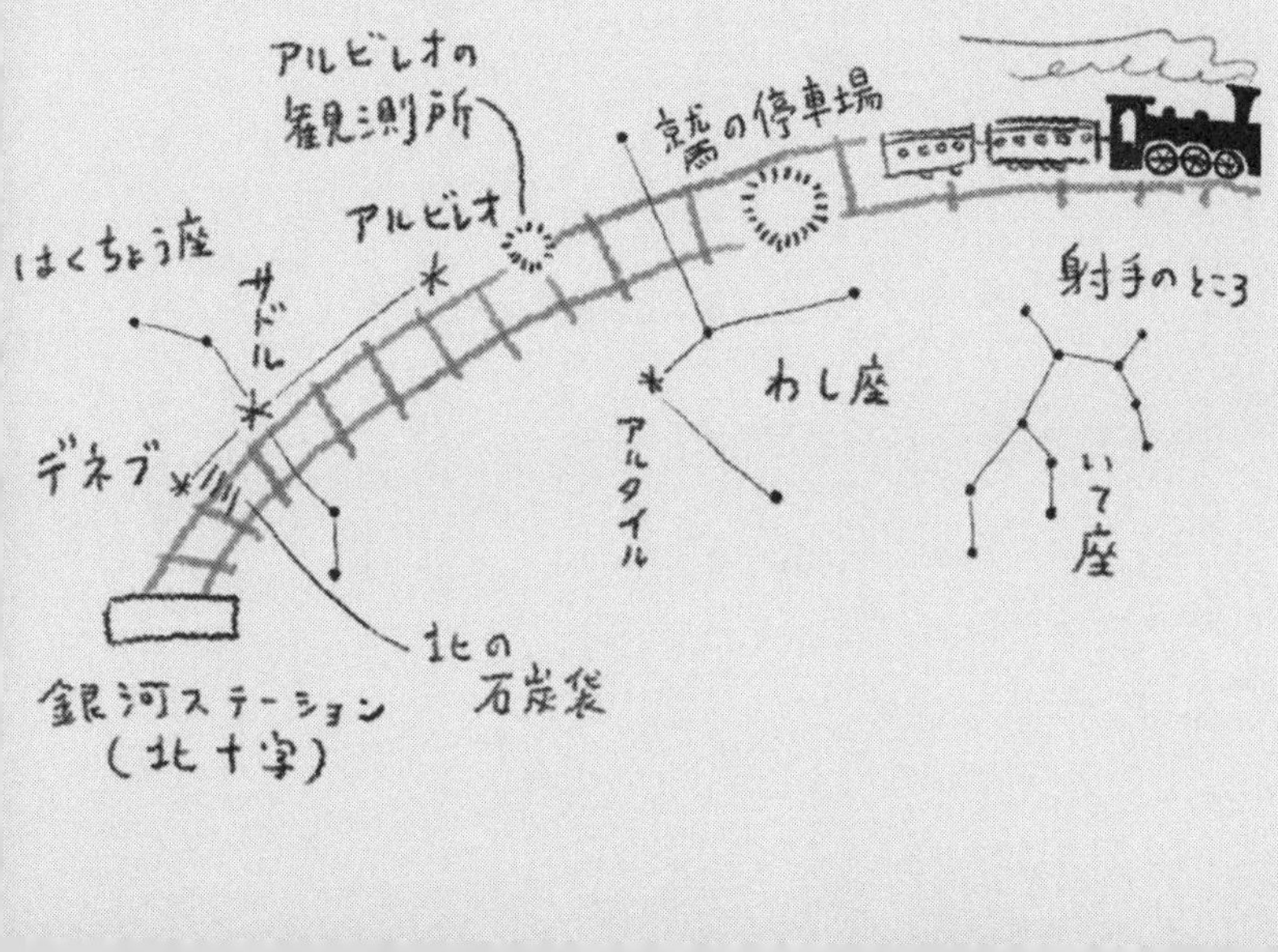

には　目立つ星があまりありません。しかしM13球状星団は見どころで　望遠鏡では　細かい星がぼぅっと丸く固まっているのがわかるでしょう。二万五千光年の彼方　銀河系の周辺にうかぶ　老いた星のあつまりです。

「射手のところ」で天の川はいちだんと濃くなります。このあたりが銀河の中心　ふくらみを意味するバルジと呼ばれるところです。

「双子のお星様のお宮」は　さそり座のしっぽにあたるふたつの星シャウラとレスートのことでしょう。この二星は世界中で兄弟星と呼ばれているからです。

「蠍《さそり》の火」のモデルとなるアンタレスはギリシャ語で火星に対比する者を意味します。目立って赤いこの星は太陽の六百から八百倍という赤色超巨星で　そのおおきさゆえに太陽の寿命一五〇億年にくらべ　一千から二千万年程度と　大変に短命です。

「ケンタウル祭り」の村があるケンタウルス座には　日本からほとんど見えませんが　ふたつの一等星が光ります。黄色いアルファ・ケンタウリと白いハダルの対比もうつくしく　とくにアルファ・ケンタウリは地球から四・三光年の距離にある　太陽をのぞくと　もっとも近い恒星として知られています。

　いよいよ終点の「サウザンクロス停車場」みなみじゅうじ座が見えてきました。ふたつの一等星を含む十字架は北十字とくらべるとずっと小ぶりですが　より鮮明に輝きます。右下に十字にキズをつけるように四等星のイプシロンがひとつ。オーストラリアやパプア・ニューギニアの国旗には五個目の星として描かれていますね。

左下には石炭袋《コールサック》と呼ばれる暗黒星雲があります。北十字にもおなじものがありました。そこであちらを北の石炭袋　こちらを南の石炭袋と呼んだりします。

南十字星をまっすぐ下にのばせば　南極星はないですが　天の南極にいきつくでしょう。その近くで　ぼぅーと光るのが　大マゼラン雲と小マゼラン雲。銀河系にしたがう　小銀河です。

「銀河鉄道の夜」の道順で　天の川銀河をたどりました。天の川は銀河系を内側から見たものです。私たちは銀河系のどのあたりにいるのでしょう。

私たちの銀河系は棒渦巻《ぼううずまき》銀河に分類され上から見ると　中心の回転楕円のかたちをしたバルジから渦巻き状に腕がのびます。

バルジは直径が一万五千光年ほどで　数多くの年老いた恒星があつまり　その中央には巨大ブラックホールが存在すると考えられています。バルジからのびる銀河の腕のうち　私たちの太陽系はオリオン腕のなかにあるようですね。

腕のなかは無数の星がびっしり見えますが　それぞれは　彦星《ひこぼし》やバーナード星やアルデバランのように自由にうごきまわっていま

す。いっぽう銀河は内側も外側もほぼおなじ速度で　二億二六〇〇万年から二億五千万年ほどで一回転します。このように銀河系のかたちと運動を保つのは　暗黒物質《ダークマター》の存在によるものと考えられるようになりました。

今度は銀河系を横から見ましょう。真ん中がふくらんだパンケーキのようですね。ふくらみがバルジで薄い円盤《ディスク》のかたちが銀河の腕にあたります。そして　バルジとディスクをつつむように　球状にひろがるハローによって銀河は構成されます。ハローの直径は十五万光年ほど質量の多くが暗黒物質であり　そこにはヘルクレス座M13のような球状星団が多数分布しています。

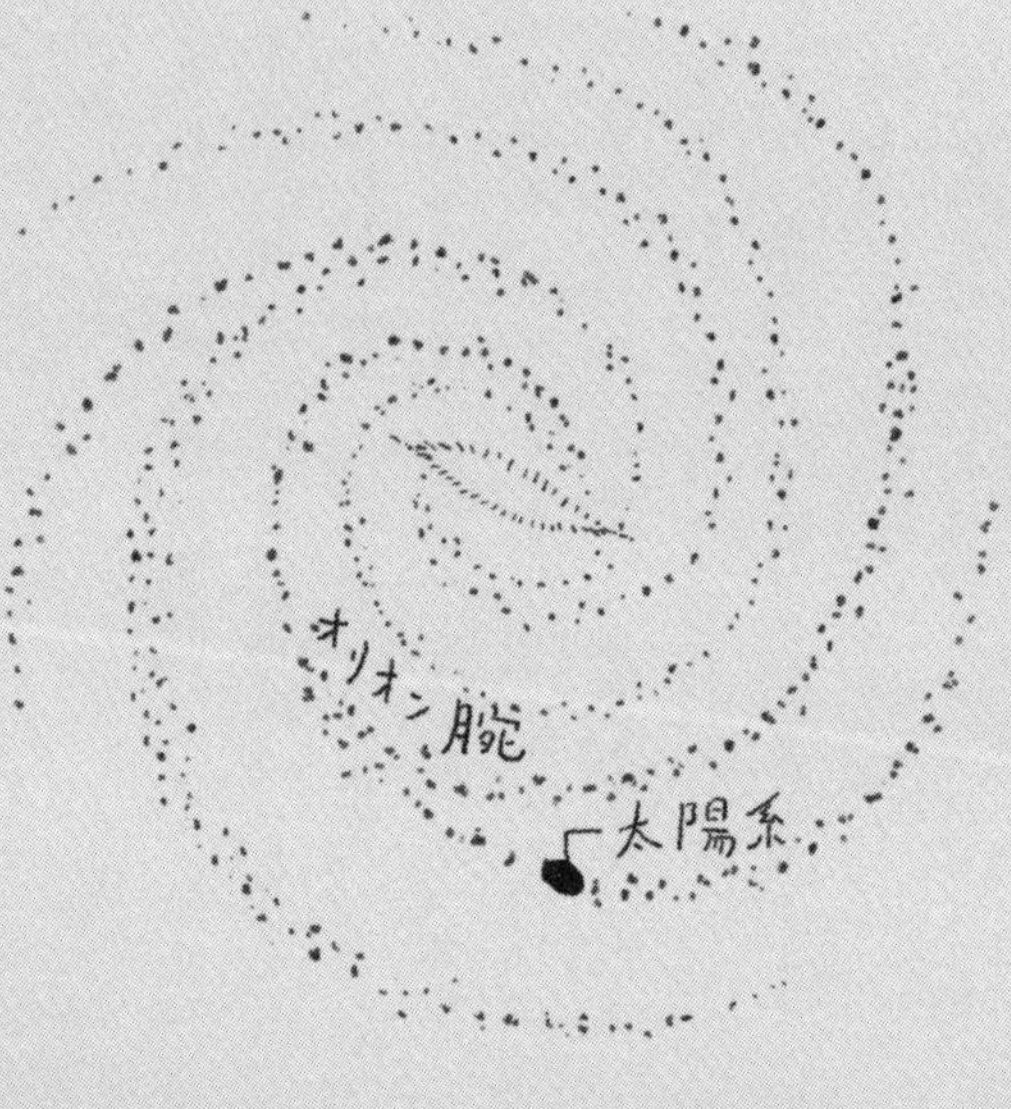

星には若い種族Iと年をとった種族IIがあります。種族Iにはディスク内の恒星や星間物質　そして散開星団などがあり　種族IIにはバルジ内部やハローのなかの球状星団があります。銀河誕生を想像すると　種族IIの星のなかでしだいに重い元素がつくられて　それが大爆発を起こして　ガスをまきちらし　そのなかから種族Iの星がうまれたと考えられます。

また銀河には　さまざまな種類があります。エドウィン・ハッブルはその形状から楕円銀河レンズ状銀河　渦巻銀河　棒渦巻銀河　どれにもあてはまらない不規則銀河に分類しました。楕円銀河はほとんど種族IIの年老いた星で構成されています。レンズ状銀河も若い星がほとんどなく環状の腕をもちません。おもに銀河

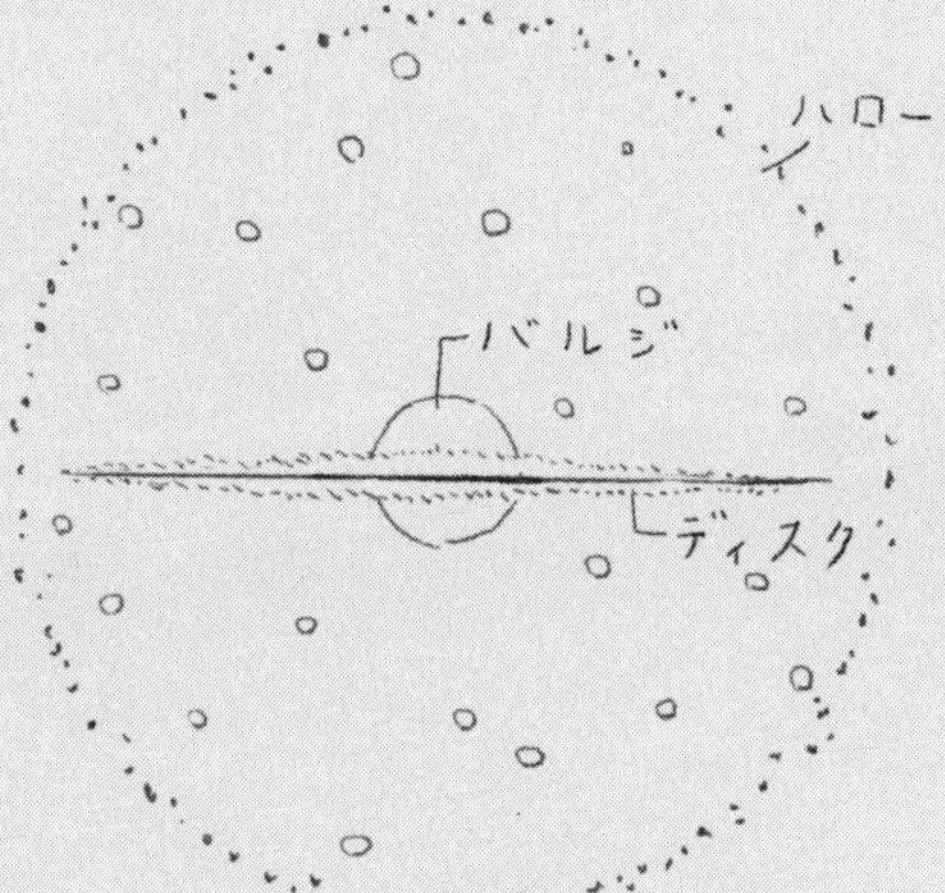

の密集域に存在します。渦巻銀河と棒渦巻銀河はおなじ性格をもち　数もほぼ同数です。不規則銀河は衝突銀河や電波銀河　スターバースト銀河なども含まれます。

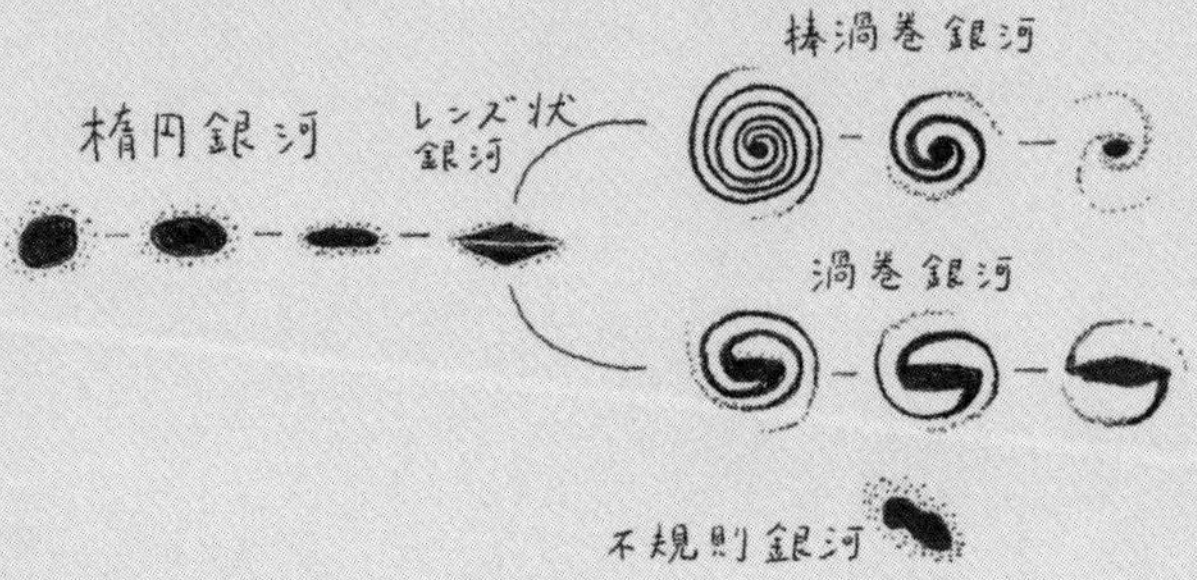

3

夢を見るための機械

河原先生をお訪ねするようになって半年がすぎようとしていた。そのあいだに季節は秋から冬へとうつろい、陽光には早春の息吹もわずかに感じられる。

二〇一八年二月、かわさき宙と緑の科学館。次回投影のリハーサルを終えて、いつものようにインタビューに応じてくださる先生は、その日とくに、はつらつとして見えた。

ここへくると背筋がシャッキと伸びるんですよ——にっこりと笑う。

たくさんのお話をうかがい、取材メモはじゅうぶんにたまっている。それをまとめるうち、星や天文の忘れかけていた知識もまた、私の胸によみがえってきた。けれども、理解が深まるほど、遠のいていくものだってある。先生と向かいあい、そんなことを考えていた。投影機の話がでたのは、そのときだ。

これで八台目なのです。何度か変わりまして。そのたび性能も操作もちがいますから、多少は苦労もしますけれど、それも楽しくてね——

先生の思いをそのまま映せたらいいのに。文章では無理なこともプラネタリウムならできるかもしれない。思い出ぶかい投影機をうごかして、先生のことばを星とともに投影できたら、どんな夜空になるのだろう。

——日周プラス　B.G.M List《リスト》01　Fade-in《フェイドイン》
——月 Fade-in
——夕焼け Fade-in　太陽、昼光 Fade-out《フェイドアウト》
——方位燈 off　スカイライン Fade-out
——惑星 Fade-in
——恒星 Fade-in　青光 Fade-out
——夕焼け、薄暮 Fade-out
——流星 on 〜 off
——日周〜 21PM off　B.G.M Fade-out

GMⅡ-16-T

プラネタリウムで最後の投影をおこなうという場合には、すくなくともふたつの意味での「最後」があると思うが、そのひとつは解説員にとっての最終投影《ラストプロジェクション》である。退職や異動、あるいは施設閉鎖など理由はさまざまだが、解説員は解説台《コンソール》をおりる日がくる。そのとき胸に去来するものは、もちろん人それぞれだろうけれど、それはきっと感慨ぶかいものだ。

五島プラネタリウムを辞めたとき、神奈川県立青少年センターを去ったとき、毎日おこなわれる一般投影からの引退——これまで何度か「最後」の投影をおこなった。そんなときは感傷的な気分にもなるし、いろいろの思い出がよみがえってくる。

とりわけ忘れがたいのが川崎市青少年科学館であった。

二〇一〇年五月九日、リニューアル工事によって閉館する川崎市青少年科学館の最終日を締めくくるのが当時七十九歳の最高齢解説員ということで、おそらく「最後」となる投影を見ようと、たくさんの人があつまった。投影ドームを取り囲む長蛇の列ができて、補助イスを用意してもなかに入れない人もいた。

——東の空からペガスス座にアンドロメダ座、秋の星座が昇るころ、空は白んできます。薄明《はくめい》のなかに星がひとつ、またひとつと消えて——あたりはすっかり明るくなりました。あすの川崎市の日の出は四時四十一分です。みなさん、おはようございます。これで——

本日の投影、といいかけて一瞬口をつぐむ。

このプラネタリウムの投影を終了します——

＊＊＊

一九六二年に渋谷の五島プラネタリウムから、横浜の神奈川県立青少年センターに移り、一九九七年までの足かけ三十五年間そこで解説台に立った。異勤を拒み万年天文課長で、定年後の数年は嘱託《しょくたく》として解説をつづけた。その最後の年に川崎市青少年科学館の若宮崇令《わかみやたかのり》館長から、うちでやっていただけませんかと誘われたのである。

若宮さんは横浜の青少年センター開館まもないころから若手解説員として活躍した。専門解説員が皆無《かいむ》という時代に急きょ若い人たちを育成したのが横浜の青少年センターで――「河原プラネタリウム学校」なんて呼ばれた――彼はそこの優秀な生徒であった。

そうして一九九七年に川崎市青少年科学館に移ってからの十三年間は、これまで以上に楽しい投影ができた。それは常に観客を身近に感じられたからである。横浜時代に多くの時間を割いた学習投影はもうやらないし、こちらへきてからはいやしという か、星空を見て、音楽を聴いて、ゆったりとしてもらえる投影をこころがけた。それが観客との距離をぐっと近づけたのかもしれない。

投影にいらした皆さん。お名前は存じ上げないけれども、一人ひとりのお顔をいまも思いだします。明るくなると、いつもリクライニングにふかくよりかかって眠っていた男性。あなたを見て、今日もリラックスしてもらえる解説ができたとよろこんだものです。解説台まできては、何か質問したいのに、いつだって何もいわず、ただ、にこりと笑って帰っていく女性。あなたにどんな質問があったのか、帰り道でよく考えたものでした。先生これ、といって毎回マフラーや手袋を――おそらく近所のスーパーで見つけて――差し入れてくれた男性は、冬の観測を気づかってくれたのでしょう。同世代であろうあなたのご好意をいつも固辞《こじ》したけれど、ほんとうはお心づかいがうれしくてなりませんでした。

観客のなかにはかつての教え子もいた。川崎青少年科学館にきたばかりの九八年から県立津久井《つくい》高等学校の立山洋典《たてやまひろのり》校長――やはり河原プラネタリウム学校の優秀な卒業生だ――のすすめにより県立神奈川総合高等学校で天文学を教えている。そのころの生徒さんがいまは結婚して子どもをつれてやってくると、うれしいような、ちょっと気恥ずかしいような気がするのだった。

＊＊＊

最終投影が終わり、すっかり明るくなってもだれも帰ろうとしない。なかには泣いている人もいた。こちらも泣きたくなってしまう。それから一人ひとりと握手をしたり、いっしょに写真を撮ったり、二、三の話もした。いずれも「また聴きたいです」「今度はいつやるのですか」というものだ。

「もうすぐはじめますよ」――思わずいってしまいそうになる。じつは館のリニューアル後にはまたお願いします、そういう話が市の教育長から内々にあったから、まだ解説台に立てる望みを捨ててはいなかった。

けれども、これが「最後」というさみしさはぬぐい去れない。それは——目の前のGMⅡ-16-T。いまさっき最後の星を映してうごきを止め、おそらく二度と投光《とうこう》することはないであろう投影機への惜別《せきべつ》の思いがそうさせるのだ。

投影機への愛着がある。長くつかうとか、性能の良し悪しも関係するのだろうが、うまくつかえる機械とは気脈《きみゃく》が通じると思えてくる。このGMⅡ-16-Tとは通じた。日周、年周、緯度変化、歳差など運動が単純で確実にできる。だから好きだった。

さきほど投影が終わったとき、拍手の鳴りやまないなかで、次の投影のためにダイヤルをニュートラル状態に戻しておく〝巻き戻し《リセット》〟をいつも通りにおこなった。長年働きつづけてくれた彼に対するねぎらいのつもりである。

プラネタリウムで最後の投影をおこなうという場合、もうひとつの意味として投影機にとっての最終投影《ラストプロジェクション》がある。

＊＊＊

昭和のころにつくられた光学式プラネタリウムは、形状からわけると二種類ある。ツァイス型とモリソン型だ。このふたつは投光器の配置でおおきく見た目がちがっている。

まず、星を映しだす恒星球《こうせいきゅう》はちいさなレンズのたくさんついた球体で、北半球用と南半球用にふたつ用意されている。それとは別に惑星のうごきを再現する投光器を惑《わく》星棚《せいだな》という。ツァイス型はふたつの恒星球をつなぐ円筒状のなかに惑星棚がある。ダンベルのようなフォルムといったらいいだろうか。いっぽうモリソン型はふたつの恒星球が中央でくっついて、その上下からアンテナのように惑星棚がつきだしている。ちょっと串《くし》にさしたお団子を思わせる。

かたちはちがうけれど、星を投影する仕組みはツァイス型もモリスン型もいっしょだ。星空を三十二等分して映すのだが、ちいさなレンズ同士から投光される星空はつなぎ目なく見えるようになっている。レンズのなかには星の明るさに応じて穴をあけた恒星原板が入っていて、強い光源が視準器《しじゅんき》という装置により平行に直されて原板を通す。それがレンズで拡大されて、ドームスクリーンに星が投光されるのだ。このほかに彗星、変光星、天の川、星座絵、スライド投影などの補助投影機がプラネタリウム本体やドーム内各所に配置されるが、基本は恒星球と惑星棚といっていい。

星を映す投光器とともにプラネタリウムの重要な要素となるのが星空のうごきを再現する動力軸だ。実際の空は地球の自転公転によってうごいている。それを表現するのに、まさかドーム自体をくるくる回すわけにいかないから、このかぎられた空間では天動説が幅をきかせているようだ。ただし、プラネタリウムが地球のうごきを忠実に再現するので、ガリレオが否定されてしまうことはない。しかもはるか大昔から遠い未来まで、何万年にもわたる星空の変化までも映すことができる。

プラネタリウムの動力軸は、自転軸、公転軸、緯度軸によって構成される。太陽や恒星の四季による変化はすべて自転軸と公転軸のうごきであらわされ、自転軸が一回転、つまり一日うごくと公転軸が三六五分の一だけうごく。自転軸はまた経度線とともにあるのだが、いっぽう緯度軸によって緯度の変化をつけられるから、世界のどの場所へもでかけていき、その晩の星空を見ることもできる。日本にいながら南十字星をながめられるのは緯度軸のおかげだ。

プラネタリウムは精密機械でこまめなメンテナンスが必要だ。科学館などたいてい月曜日の休館日にメンテナンスをおこなう。おもに清掃や消耗部品のチェックだが、大々的なオーバーホールをするときには何日にもわたって休館することもある。そのほかに球切れなどの急なトラブルもあって、それに備えて機械係が待機している。

昔は——一九七〇年代くらいまで、よく解説員がメンテナンスもおこなっていた。もちろん専門の機械係もいるのだが、月にいちどしかこなかったから、毎日の手入れは自分らでやったものである。神奈川県立青少年センターでは、よく月曜の休館日に解説員が出勤してプラネタリウムの掃除をした。

投影機をバラして、中央のカバーをあけると銅の輪が同心円状に幾重《いくえ》にも並んでいる。これがスリップリングという電気を通すためのレールのようなもので、この上を炭素棒で擦ることによって電気が供給される仕組みになっている。おおきく回転する機械だから、配線だと絡まってしまう。うまく考えたものだ。これによって運動系統、昇降系統を制御するのだが、つかっているうちにスパークして、スリップリングに傷がついたり、穴があいたりしてしまう。そうなると電気が伝わらなくなるので、それを見つけて手当てをしてあげる。よく立山さん、若宮さんと手分けしてサンドペーパーで銅板を磨いた。

投影機はじゅうぶんな手入れをすれば長持ちする。大阪市立電気科学館のZEISS《ツァイス》IIは一九三七年から八九年まで五十二年間現役だった。ただ、電子部品などがつかわれるようになると、新しいデジタルプラネタリウムなどがとくにそうだけれど、寿命は短くなる傾向にある。そのほかにいちじるしい性能向上にあわせて、科学館ではしばしば投影機を入れかえるのだ。

これまで八台の投影機とつきあってきたが、じゅうぶんにつかえるうちに交代となった機械もあった。現役をしりぞいた投影機は保存される場合もあるが、多くは解体破棄されてしまう。そんなとき解説員は、ちょっと心が痛むのである。

＊＊＊

二〇一二年四月二十八日、川崎市青少年科学館はリニューアルし、あらたにかわさき宙と緑の科学館としてオープンした。うれしいニュースがふたつ。ひとつは、ふたたび解説員として解説台に立てることである。毎月一回の特別投影だけれど、また皆さんとお会いできるのだ。そして、もうひとつ。彼とまた会えることになった。

GMII-16-Tが動態保存され、ロビーに置かれて来館者をでむかえるそうだ。なれ親しんだダイヤルもそのままに、自転、公転、緯度の動力軸が生きているというから、きれいなうごきをきっとこれからも見せてくれるだろう。

Ｍ－１

一九五九年五月十六日、東京晴海で開催された国際見本市で、国産初の光学式プラネタリウムが公開された。五藤光学研究所のＭ－１型である。恒星球の外側に惑星棚がついたモリソン型で、恒星投影数は六等星までの約五千個。ＺＥＩＳＳ《ツァイス》Ⅳ型の六・五等星、八九〇〇個にはおよばないものの、当時の価格八百万円はＺＥＩＳＳⅣ型の六千万円から大幅なプライスダウンを実現した。この機器の低価格化が、やがてプラネタリウムの全国的な普及をもたらすことになる。

これから書くのは、そのころの現場の話なのだが、その前に当時すでに各地につくられていたプラネタリウムについてもふれておくべきだろう。いま思いつくままに、ここに記しておきたい。

まず10ｍドーム以上の大型プラネタリウムは、大阪四ツ橋の市立電気科学館が一九三七年に日本初の開業となる。翌年、東京にできた東日天文館は四五年の空襲で焼けてしまった。両館ともＺＥＩＳＳⅡ型で、大阪は二十五号機、東京は二十六号機となる。三番目が五七年、東京渋谷の五島プラネタリウムでＺＥＩＳＳⅣ型一号機。六〇年の兵庫県明石市立天文科学館は東ドイツのツァイス・イエナ社によるＵＮＩＶＥＲＳＡＬ《ユニバーサル》２３／３型で、これは現役最高齢の投影機としていまも活躍中だ。六二年の名古屋市科学館はＺＥＩＳＳⅣ型である。

小型プラネタリウムも各地につくられたが、そのうちでもっとも早かったのは、五一年に奈良県生駒《いこま》山頂につくられた生駒山天文博物館だろう。金子功《かねこいさお》氏によるレンズをつかわないピンホール式の金子式南北天球ダイヤ型という投影機がつかわれた。６ｍドーム。札幌テレビ塔に五七年から数年間開業していたプラネタリウムもこの金子式だった。

五八年に岐阜県水道山に開設された岐阜プラネタリウム遊園地には、カール・イエナＺＫＰ－１という手でもてるほどの可愛らしい小型機が置かれる。緯度軸がなくて、設置場所の緯度に固定させて投影するものだった。

おなじ年に四ツ橋電気科学館の天文主任を退官された高城武夫《たかぎたけお》氏が和歌山県の自宅に８ｍドームのプラネタリウムをつくった。金子式をつかって自らが得意の解説をしている。

さて、M-1型に話を戻すと、五九年五月に東京国際見本市に出品されたあと、早くも十二月に浅草公園六区の新世界ビルに第一号機が納入され、常設投影がおこなわれている。次いで国内では静岡県の公共天文台である富士観日本平センターに設置された。同機は六二年より一般向けに販路を拡大し、広島県呉市の海上自衛隊幹部候補生学校や東京都江東区の東京水産大学（現東京海洋大学）といった教育機関に導入されていく。そうしたなかで国立科学博物館の工学科長であり、五島プラネタリウム評議員の朝比奈貞一《あさひなていいち》氏を館長にむかえた神奈川県立青少年センターが、公立科学博物館としてはじめて大型プラネタリウム導入にふみきった。

僕といかないか——朝比奈先生からいわれたのは六一年の晩秋だった。神奈川県立青少年センターでは天文課長として、プラネタリウム全般を任せてくれるという。もちろん解説員もつづけられる。大変魅力的なお話だった。五島プラネタリウムで四年あまり夢中で解説員をつづけてきた。楽しい仕事だし、何もかもうまくいっている。ただ不安がないわけでない。プラネタリウム解説員はまだまだ認知された仕事ではないし、この先いつまでもやれる保証はなかった。それが公立施設へいけば公務員であるから身分保障してもらえる。

水野先生は「またとないチャンスなのだから、ぜひいきなさい」といってくれた。「でも学芸課長としては優秀な人材を失うのは痛手だよ」どこまでもやさしい恩師である。

青少年センターへ移る間際に科学博物館の村山定男先生に呼ばれた。

「河原君、いよいよお別れだねえ」そして、いつもの柔和《にゅうわ》な表情でいうのだ。「僕はこれまでずっと朝比奈先生にお仕えしてきた。ここで君にバトンタッチだ。これから先生のことをお願いしますよ」


二月に横浜の青少年センターに移ってからは、毎日が目の回るいそがしさだった。渋谷では職員五人が手分けして開館準備をおこなったが、今度は一人で考えなければならない。展示物は五プラで好評だった星座ジオラマをふたたびつくった。製作データが残っていたから前回よりも楽にできる。それから国立大の学芸学部を卒業してきた若い人たちに解説員の仕事を教える。早く即戦力をつくらないと、一人だけでは投影がおこなえないのだ。番組づくり。十一月開館予定なので、年度内の四本をすぐにも用意する必要があった――いやそれよりも、まずは投影機導入が先だ。

M-1の搬入はツァイスのときみたいに一カ月もかけて船でもってくることはない。五藤光学から直接運びこまれた。数日のうちに設置された投影機は長年ツァイス機を見なれたので、ちょっと違和感もあったけれど、まず立派なものである。

となりに朝比奈先生が立って、まじまじと見ながら、「僕はかなものには目がないんだ」というので、思わずどきっとした。というのも、先生は何でもなめる癖があると関係者のあいだで有名だったからだ。アーセニック類（ヒ素の一種）をテイスティングしたという伝説がある。けれども先生は落語の「擬宝珠《ぎぼし》」みたいに丸い恒星球をペロッとしたかったのではなく、投影機をうごかす複雑な動力軸にいたく興味をもたれたのだった。

朝比奈先生は五島プラネタリウム建設のときに、東京プラネタリウム建設促進懇話会の一員として奔走《ほんそう》された。実際には多くの細かい仕事は部下であった村山定男先生がこなしたのだけれど。村山先生が仕えてきたというのはそのことである。

帝国大学きっての秀才であった朝比奈先生は、あらゆる科学分野に通じ、万能博士と異名をとった。とくに時計学——精密機械工学の大家として知られる。ただ唯一の苦手分野があって、それが——意外なことに——天文だった。そういうわけで青少年センターのプラネタリウムは、投影機の選定以外のすべてをこの天文課長に任せてくれたのである。

のちに「河原プラネタリウム学校」などと呼ばれたが、青少年センターでは解説員の育成を自前でおこなった。きめ細かく時間をかけて教えたいのだけど、開館間際でなかなかそうもいかない。まずは投影機の操作を覚えてもらうが、日周や年周など多くの操作を手足のようにうごかすには熟練もいるし、説明をきいたから会得《えとく》できるというものではない。たとえば星を指示灯《ポインタ》で指し示すとき、あの矢印を目標にピタッとあわせるだけでもけっこうむずかしいのだ。

それから喋《しゃべ》り方の練習もあるし、専門知識のほうは学芸学部出身だから大丈夫としても、どう伝えるかはいっしょにディスカッションしていった。とにかく解説員に必要なものはいろいろと多い。けれど、そうしたことは経験して覚えていけばいいのだ。それよりもっと必要なのは、星が好きだということである。星はうつくしい。星はふしぎだ。そういう素直な気持をもてることが大事だ。意外に思われるかもしれないが、解説員には星に興味がない人もいる。転勤でしかたなしにこの仕事について、何年かしたらまたほかの職場へいくという。それもまたやむをえないのだろう。

幸いなことに青少年センターは星好きの職員にめぐまれた。真面目で几帳面《きちょうめん》だった若宮さん。彼と好対照にすこし大雑把なところがある立山さん。それとすこしおくれていらした岩上洋子さん。みんな星が大好きで、仕事を楽しんで、やがて立派な解説員として巣立っていった。

ただ、若い人がきてくれたとはいえ、十一月の開館当初はみんなまだ素人だから、すべての回を一人でおこなう必要があった。それを実地に見て覚えて、二、三カ月のうちに解説員としてデビューしてもらった。投影は午前が九時三十分と十一時、午後は一時三十分と三時の一日四回。毎回四十分の番組だったが、その合間には屋上に設置された天文室で20㎝屈折赤道儀による太陽観望会もやるから、それこそかけずり回っていた——余談だがこの望遠鏡は二〇〇三年に青少年センターの耐震工事でプラネタリウムが撤去されたのち、日本一の星空で知られる岩手県奥州市《おうしゅうし》衣川《ころもがわ》に寄贈《きぞう》されて活躍しているという——。

青少年センターでの最初の番組は「星空の実験室プラネタリウム」というのをやった。プラネタリウムお披露目《ひろめ》の意味で日周や年周などいろいろ機能をお客さんに見ていただく。同時に若い職員たちが番組を見ることで操作の練習ができるという、なかなかよくできたプログラムである。このような毎月の番組は、県の広報にだす関係で、四月から翌年三月までの十二カ月の話題を前年の十二月ころに決めて提出する。そのあとから内容をつめていくのだが、五プラのころは学芸委員会が番組を監修するようなことがあったのだが、ここではまったく自由につくれたのはよかった。

開館後プラネタリウムの評判はよく、青少年センターは年間十万人近い入場者があった。けれども多くが日曜日の来館で、平日は数えるほどしか入らない。どうかして平日の入館者をふやしたいというのが懸案《けんあん》となっていた。

どうだろうね。学校の生徒を呼んでみたら——平日の午前中はだれも来ないから、学校ぐるみ招待してしまおうというアイデアは朝比奈先生からでたものだ。それが学習投影の最初となった。一九六四、五年のことである。

まずは中学生向けに二年生の教材にあわせて番組をつくった。惑星の運行や月の満ち欠けなどプラネタリウムではお手のものだから、教育委員会が視察にきて、これはいいということで、神奈川県の全中学校が順繰《じゅんぐ》りにプラネタリウム見学をおこなった。それから小中学校の各学年の番組もつくって、毎日、見学で埋まるようになる。平日に学習投影をおこなったのは、何しろ神奈川県立青少年センターがはじめてで、それが話題となって各都道府県でおなじようなものがおこなわれた。そのときには神奈川方式なんて呼ばれていた。

そんなことから教育委員会や各プラネタリウムとの連絡も密になっていった。六九年ごろ、川崎市教育委員会からの要請で、川崎市にプラネタリウムを設置するにあたって、青少年センターのエースである若宮さんを推薦する。彼は七一年八月に開館した川崎市青少年科学館でその実力を存分に発揮することとなった。

おなじころ、各プラネタリウムの相互交流を目的とする日本プラネタリウム研究会が発足している。いや、当初は研修会という名であった。その会長をやらされた。ほんとうは仙台天文台の二代目台長小坂由須人《おさかゆすと》博士にお願いしたかったが、小坂博士は「僕は年上だけど、君のほうが先輩だから」と固辞して、ご自身は副会長になられた。

その第一回の東京会議には北は北海道から南は沖縄まで三十施設、四十一名もの方が参加されている。会議はもち回りで、全国のプラネタリウムでおこなわれた。そこで「河原プラネタリウム学校」の延長として、初心者のための講座——実際に投影機を動かしながら投影法を解説する——をたっぷりとおこなった。一九七〇年代に全国で起こった学習投影を前提とするプラネタリウム建設にこの研究会の果たした役割はおおきかったといえるだろう。

ところで、こうしたプラネタリウム館同士のつながりは機器メーカーごとにわかれていた。プラネタリウム研究会は五藤光学系のプラネタリウム。それと別にミノルタ系のサークルもあり、また渋谷、大阪、名古屋、明石の四館はツァイス系であった。いまではJPA——日本プラネタリウム協会——として統合されている。

日本にプラネタリウムが普及したころ、ちょうど三十代、四十代の働きざかりだったから、わき目もふらずに仕事をしていた。だから家族にはほんとうに迷惑をかけてしまった。日曜日もなかったから、娘は動物園などにいきたかっただろうに。かわいそうなことをしたと反省するのである。そして家内にはずっと頭が上がらない。

GM-15-AT1

プラネタリウム投影には、解説員による生解説《マニュアル》と機械制御による自動解説《オート》がある。両者のちがいをごくおおまかにいえば、天文知識を語りで伝え、ゆっくり星空を見てもらう昔ながらの生解説。三六〇度投影などハイテク技術により宇宙の迫力ある映像を提供するエンターテインメント的な自動解説となるだろうか。

生解説か自動解説かは施設ごとにちがうし、両方をおこなっている館もある。また、生解説と自動解説を組みあわせた番組もおこなわれている。伝統的な生解説に人気があつまることもあるが、全体として自動解説が注目度においても集客数の上でも、いまや主流といえるだろう。

六十年間プラネタリウム解説をおこなってきた。生解説ひとすじといっていいかもしれない。けれども長い解説員生活で一年間ほど自動解説をやったことがある。さらにいえば、そのとき手がけた番組が日本で――いや世界でも――最初のプラネタリウム自動解説ということになっている。そのことはＧＭ-15-ＡＴ１投影機の思い出とともに、いまとなってはすこしばかりほろ苦く回想されるのだ。

世界ではじめてのフルオート投影機ＧＭ-15-ＡＴ１は、五藤光学研究所が一九七一年に開発したもので、翌年神奈川県立青少年センターにその一号機が納入されている。この機械は青少年センターの朝比奈貞一館長の発案をもとに五藤光学が研究開発したものだった。解説員が大変だから、何かこう、最初にセットしておいて、ボタンをポンと押すと勝手にすすんでいくものがつくれないだろうか。朝比奈先生がメーカーにそんなふうにいったのがそもそものはじまりだったと思う。

解説員が大変だって――それならこの世に大変ではない仕事なんてあるだろうか。日周、年周を動かしたり、ポインターを当てたり、星座の神話を話すことが大変と思えばだれも解説員になどならない。だから、オート番組に切りかえようといわれて当《とう》惑《わく》した。けれども、たとえ機械仕掛《からくり》が好きだから思いついた発明であれ、先生が解説員の負担を気づかってくださるのはほんとうだ。それにプラネタリウム普及のために、これも必要なことかもしれない。

いや、そんな理屈ではなく、何しろ館長命令である。じつはＧＭ-15-ＡＴ１が完成して納入されたときには、朝比奈先生はすでに退館されていた。でも朝比奈先生の意思は館に引き継がれていたし、何といってもお世話になった先生の思いを拒否することはできなかった。

GM-15-AT1は前のM-1とおなじ五藤光学製なので、操作そのものは前のものと大差なくつかいやすい。問題の自動解説機能だが、これはあくまでも自動再生であって、もちろん番組を自動生成するわけではないから、解説員がその素《もと》をしこんでおく必要がある。それには事前に細かく時間割りをした台本を用意する。

〜'○○"○○秒BGM：ショパン「夜想曲第二十番」

〜'○○"○○秒BGM：FO《フェイドアウト》

〜'○○"○○秒解説ナレーションスタート：北斗七星について

こんなふうに秒単位で決められた操作を番組時間である四十分間の磁気テープに記録していく。まずは音楽と解説を時間割りにあわせて録音し、次にそこに投影機操作を記憶させる。これは音にあわせて投影機をうごかしておこなう。もちろんすべてを一回で記録することも可能なのだが、なかなかピタリと決まるものではない。慣れてくると、いちどライブ解説をおこなってそれを記録し、部分的に修正をほどこしたが、いずれにしろ尺《しゃく》をあわせて組んでいく手間はおなじだから、大変な苦労がともなう。

館の方針でまず一般投影からはじめることになって、年間十二本の番組をつくった。一本つくるのに、およそ一週間を費やしただろうか。毎日十五時の最終投影が終わり、メンテナンスをしてから作業にかかる。毎日夜なべ。半分徹夜の日も多かった。だんだんと胃が痛くなってくる。ストレスだ。きっと内心嫌々《いやいや》だったからだろう。キリキリする痛みが止まずに胃潰瘍《いかいよう》ができてしまった。一連の作業が終わったとたんに入院して手術する羽目になる。

そのころの自動解説というのは、単に解説員の作業を機械に再現させるだけのものだ。それも最初の機械だからいろいろ問題もあって、たとえばこの星が、というときにでるポインターがずれてしまう。それでけっきょく解説員がそばでカバーするという身もふたもないことになった。

いまはメーカーの制作スタッフがシナリオ、絵コンテからきちんと台本をつくり上げ、素晴らしいCGと音響を組みあわせた見ごたえのある番組をつくる。そういうすぐれた映像作品がこんにち自動《オート》解説と呼ばれているわけだが、一九七二年当時はそんなものは望むべくもなかった。

そもそもプラネタリウムにエンターテインメントの要素を入れる発想もない。プラネタリウム大国アメリカにはあったのだけれども。七六年にアメリカ東海岸と西海岸およびハワイのプラネタリウムを視察旅行した際、あちらの番組は学習的なものとショーアップされたものとにきっちりわかれていた。学習的なものは日本と大差ない。夕ぐれから季節の星座、毎月の話題があって、夜明けというおなじみの流れだ。いっぽう娯楽的なものは、突然目の前に巨大隕石の映像があらわれ、「大変だー、宇宙人来襲だ！」けたたましいサイレンの音がひびいて大さわぎとなる。

雨をふらせるプラネタリウムもあったときく。どうするかというと係員が後ろのほうでホースから水をまくというものだった。ショーアップといっても、当時の仕掛けなんて娯楽の本場アメリカですら他愛もないものだった。

さて、青少年センターの自動解説番組だが、先にのべたように解説員がそばにつくような不完全なものであった。だが、最初にしては、まあこんなものだろう。せっかくつくったものだし、一年間ほどそれをつかった投影がおこなわれた。だが、周囲の評判はあまりよくない。プラネタリウム研究会でも実演されたが、自動解説にするメリットはあるだろうかという意見が多かった。仙台市天文台の小坂博士などは「オート反対、ぜったい反対！」とあからさまに声を上げてくださる。そんなこともあって青少年センターでは次年度からの自動解説を見送ることとなった。

これには正直ほっとしたものである。朝比奈先生の思いをかなえられたことも、結果的によかったと思っている。それが試験的なものであって、じゅうぶんな評判を得られなかったにしろ、ここからメーカーはノウハウをつみかさねて現在のようなすぐれたエンターテイメントにまで高めていった。そうした意味で朝比奈先生のお考えは先駆的だったといえる。

いずれにしろ、それ以上の胃潰瘍をこしらえる心配はなくなり、そして世界初のオート機能搭載のGM-15-AT1はその最新機能がつかわれないままに終わる。そのあとも五藤光学ではより高度な自動演出機能を備えた機種の開発をつづけて、八二年のGX-AT型が青少年センターに導入されるのだが、やはり自動解説がおこなわれることはなかった。

生解説によるプラネタリウム番組は毎月変わる。一年十二本でおおよその天文現象がわかるように構成されていて、そのうちでも六月は太陽、七月は七夕、九月は月という具合に日本人の季節感にあわせた話題が組まれることが多い。

投影のしかたにもパターンがあって、まず夕ぐれからはじまり、その日の星空、だいたい二十時に見える星座の解説をおこなう。そこに春から夏なら北斗七星、秋から冬はカシオペヤ座のWをつかった北極星の見つけ方を入れたりする。

ひと通りの星座を見たあと、いよいよ今月の話題に移る。そのために準備したスライド写真やビデオ映像をつかい、惑星や彗星なら各種補助投影機が活躍するし、南方の星空では緯度軸変化の出番となる。けれども説明が長くつづくと観客も疲れてしまう。今月の話題が終わったら、しばらく星空をながめてください、そういって音楽を流し、話を止める。天球はゆっくりと回り、東から昇ってくる星座、西には沈みゆく星座。ときおりあらわれる流れ星はほうき星の置土産《おきみやげ》だ。やがて東の空が明るくなって静かな夜明けをむかえる。徹夜で星を見てきた観客はあすの朝に戻るのである。

毎月の話題があって、投影パターンもおおよそ決まっているのだから、プラネタリウム解説員は頭に台本がすっかり入っていて、それを話すのだと思うかもしれない。

確かに台本はあって、ひと通り目は通すのだけど、本番ではそれを忘れている。コンソールに立ったとき解説員はこれから何を話すのかをきめてはいない。まずゆっくりと観覧席を見わたして、どんなお客さんなのかを考える。年配の方が多ければBGMを長くして、ゆったりと星をながめてもらおう。カップル同士にはロマンティックな星の神話を聞いてもらうといいかもしれない。子どもが大勢いるなら、宇宙人のお話をしてみる。銀河系のどの星に宇宙人がすんでいるのでしょう？

まずは観客のことを頭に入れて投影をはじめ、その反応によって話をすすめるのだ。たとえば十月の夜空なら天高くアンドロメダ座が輝くだろう。そこでギリシャ神話のペルセウス冒険物語を紹介するのか、それともM31銀河へと話題を移すのか。あるいはα星アルフェラックとペガスス座をむすぶ四辺形から、みなみのうお座のフォーマルハウトやくじら座、おひつじ座など秋の星座をたどってみるのもいい。すべてはその場の雰囲気によってかわっていく。生解説では解説員と観客がいっしょになって番組をつくるようなところがあるのだ。それがライブの醍醐《だいご》味《み》であるし、投影はまるで生きものである。

おなじように本物の天球もまた生きている。天体事象は毎日変化しているから、たとえば今日の日の入りは——と伝えられるのも生解説のよいところだ。天体の合《ごう》や食《しょく》、新しい彗星や小惑星の発見。それもすぐに話題に加えられる。

宇宙物理の知見は日進月歩ですすむので、突然驚くべきニュースがもたらされたりする。二〇一七年にはNASAがみずがめ座の方向に位置するTRAPPIST-1に「地球と似た七つの太陽系外惑星があり、うち三つは生命生息可能」と発表しておおきな話題をよんだ。解説員は常に最新の天文ニュースをチェックしている。そしてこれはという情報をいち早く伝えたいと考える。

二〇〇一年十一月十九日未明に日本上空に大出現した「しし座流星群《レオニズ》」は、月もなく好天にめぐまれたことから、ピークとなる午前三時すぎには一時間に三千個もの流れ星をふらせた。その前日、娘の運転する車で富士山のふもとまででかけたけれど、ほんとうにすごかった。これまで海外で皆既日食を見るなど、何度も天体現象を目撃したけれども、あれはまちがいなく生涯でいちばんの体験だったと思う。

あの流星群の出現を予言した人がいる。オーストラリアのマクノートとイギリスのアッシャーの両氏が独自の理論で日本でのレオニズ大出現を三年ほど前から警告していた。しかし、それに疑問を抱く声が多く、あまり話題に上らなかったようだ。当時、学界でも流星理論は信憑性がないとの風潮だったから、天文関係者は公然と宣伝しづらかったのかもしれない。それでも勇気をもって伝えた解説員もいて、五島プラネタリウムの村松修《むらまつおさむ》さんや金井三男《かないみつお》さんは、一年以上前から番組で紹介していた。そのおかげで早くから準備ができた天文ファンもいるときく。

たとえ見えなくてもいいじゃないか。それが星空を見上げるきっかけになれば——そういう解説者の心意気に敬意を表したい。

プラネタリウムは特別の空間だ。何ともいえない雰囲気があって、宇宙の神秘やロマンを見る者に与えてくれる。丸屋根に映る満天の星を仰ぐとき、何となく感じのよい場所だと思える。大事な何かがあるような気がする。

そうした気持になれるのなら、生解説であるか、自動解説なのかは、どちらでもいい。いちばん大切なことは、投影が終わり、館をでて、家に帰った人が、その晩に空を見上げてくれることなのである。そこにうかんでいる星に、ちいさな光の点以上の何か——夢のような何か——それを見つけるための機械が、プラネタリウムだ。

ZEISS《ツァイス》Ⅱ／Ⅳ

川崎市立かわさき宙と緑の科学館開館のときにやってきたメガスター-Ⅲ フュージョンを見たとき、そのうつくしさに息を飲んだ。

　これほど豊かに星空を表現する投影機には出会ったことがない。大平貫之《おおひらたかゆき》さんが学生時代に自作したというアストロライナーから何代目かの後継機であり、手塩《てしお》にかけて育てられたメガスターシリーズの最新機種である。

　まだ川崎市青少年科学館だったころにメガスター-Ⅱ フェニックス——のちにミネルバ——が設置されていて、星空はおなじようにうつくしかったが、その段階では太陽、月、惑星などの補助投影機能がなかった。そこで旧機GMⅡ-16-Tが助演をつとめるという楽しいセッションが閉館までつづいた。

　メガスターのすごいところは天の川を細かな星のあつまりで表現していることだ。双眼鏡を向ければそれを確認できる。従来機では補助投影機で雲のようなものを映していたのだ。それというのもメガスター-Ⅲの投影恒星数は十三等星までの約二二〇〇万個という、けたはずれのものだからである。もっとも数では二〇一二年に東京の多摩六都科学館に設置された五藤光学のケイロンⅡは一億四千万個などという、とてつもないことになっている。

昔は投影機の映す星はせいぜい四、五千個だった。それでもドームいっぱいに星があふれるから、今日は田舎にいったつもりになってください、などとアナウンスしたものである。それが最近では、富士山の頂上にいってみましょう――というようになった。いや、富士山だろうがマッターホルンだろうが、こんなに見えるわけない。数千万個の星というと宇宙空間にでもいかなければ、お目にかかれないだろう。

だから恒星投影数が多いことは解説員泣かせというわけだけれど、それはさておいて、プラネタリウムでこれほどの数の星を映す必要があるのだろうか、とも思う。人が肉眼で見ることのできる限界をはるかにこえて映しだされる星空にはかえってリアリティが薄れるかもしれない。すくなくとも星座を覚えるのにはもっとすくなくていい。それなら投影する星の数を調整すればいいじゃないか。もちろんそれもかんたんにできる。ところが最新鋭機は星の数を減らすと、とたんに迫力のない星空になってしまう。何とも痛しかゆしだ。

プラネタリウムは技術が上がっても、百パーセントの星空を映せないのかもしれない。どこかに欠点があるのだ。それをカバーするのが、いわば解説員の仕事なのだろう。

けれども、それだってあやふやな考えだ。技術が進歩し、うつくしい投影ができることは何も悪くはないはずだ。違和感はそこにあるのではない。けっきょく百パーセントの星空というのはプラネタリウムを見る人それぞれのなかにあるのだ。

東日天文館や大阪の電気科学館に通った人にとっては、ZEISS《ツァイス》Ⅱ型の映す星空がいつも愛おしい。星はすくなくて、ボテッとしているけれど、そこがいいのだ。ただの白い点なのだけど、それが何かを語りかけているように思えた。それと星のない暗い部分がふかくて、すいこまれるような感じ。あれは旧《ふる》い機械のもので、最新機ではけっして表現できない。

あるいは、二度と忘れることのできない特別な日の星空もあるだろう。人生のなかの一日。けれども永遠の一日。自分のなかで何かが止まったままになっている。それは失われてしまったのではない。いつでもそこに帰るために用意された特別な時間なのである。

東日天文館のZEISSⅡ型の星空が特別なのは、それで星座を覚えたからだ。国民小学校四年生のときにプラネタリウムに魅せられた。毎月有楽町に通って投影を見て、その晩は本物の空におなじ星が並んでいる。物干し台に自作の望遠鏡をおいて、「河原天文台」と名づけて観測した。

そこに近所の友だちが遊びにやってきた。望遠鏡を月や惑星にあわせて、「のぞいてごらん」。はじめて見る宇宙の姿にみんなおおよろこびだ。そのなかにトシオちゃんという子がいた。関根敏雄《せきねとしお》君は税理士となったという。何十年もたってからくれた手紙に「河原天文台がなつかしい」と書いてくれた。彼とはいまも文通がつづいている。

もう一人、小学校時代の友人の熊谷正博《くまがいまさひろ》君は奥さんといっしょに科学館をたずねてくれた。たまたまNHKのテレビで紹介されたのを見たらしい。蒲田が大空襲でやられて同級生はみんなバラバラになってしまった。おそらく多くは助からなかっただろう。熊谷君は小学校の卒業アルバムをもって逃げた。そのおかげで貴重な思い出を複写させてもらうことができた。

蒲田がやられた翌月には東日天文館が空襲で焼失して、それから十二年間東京にプラネタリウムはなかった。戦後まもなく、どうしてもプラネタリウムが見たくなり夜行の鈍行に十時間ゆられて、大阪四ツ橋の電気科学館にいった。

当時、佐伯恒夫《さえきつねお》さんや神田壱雄《かんだかずお》さんが解説員だった。佐伯さんは火星の研究で知られ、神田さんは星と航海術の人だ。あれはまだ通常投影を再開する前の特別投影だったかもしれない。ＺＥＩＳＳⅡ型なので星空は東日天文館とおなじだが、神田さんの大阪弁がおもしろくて、「めえまっか、これキンセイです」なんてイントネーションがしばらく頭からはなれなかった。また惑星ではなく遊星《ゆうせい》といったのも印象ぶかい。そういえば戦争をはさんだ一時期、東京と関西では、というより東大系の日本天文学会と京大系の東亜天文協会ではつかう天文用語が統一されていなかった。

ＺＥＩＳＳⅣ型の一号機は渋谷の五島プラネタリウムに設置された。ＺＥＩＳＳⅡ型とくらべて投影法や性能に大差はない。映す星の数もおなじだ。ただし、いくつもの改良がなされている。日周、年周、歳差は運動速度が見直されて、だいぶ速くなった。恒星原板は銅製からクロム鋼に変更することで耐久性が増し、星がきれいになった。月の表現も豊かになり模様まで映せるようになった。

しかし何といっても最大の特徴は明るい星に色がついたことだろう。ＺＥＩＳＳⅡ型ではアンタレスやリゲルみたいに色がきわだつ星も全部が白い光であらわされた。今度は特別の投光器をつかって二等星以上の星が明るく彩色《さいしき》される。ＺＥＩＳＳⅣ型の見た目がちょっとだけ変わったところ、南北恒星球の下についた刀の鍔《つば》のような部分にこの投光器が取りつけられている。

星の彩色をことのほかよろこんだのは野尻抱影先生ではなかったかと思う。これで星の進化の説明もできるし、星名の話もしやすくなる、といっていた。日本では昔から蠍《さそり》の「赤星《あかぼし》」、大犬《おおいぬ》の「青星《あおぼし》」と呼んでいたのだからねえ――。

ほんとうに星を愛してやまない方だった。

野尻先生には長く目をかけていただいた。神奈川県立青少年センターにもよくいらしたものだ。館長の朝比奈先生とは中学の先輩後輩で、それで朝比奈先生は野尻先生にいつも一目《いちもく》おいていた。三時の投影が終わると「河原君ちょっと――」と呼ばれる。まず館長室に野尻先生がいらしていて、「ちょっと君、いこうよ」というのだ。まだ勤務中だけど、かまわずでかける。いちおう早退届をだして。朝比奈先生も苦笑して「はい。いってらっしゃい」と送りだすという具合だった。

青少年センターは横浜市西区にあって、そこからタクシーに乗って山下町まででる。いつも中華街にお供した。野尻先生は中華料理がお好きで、昔弟といっしょにきたものだよといっていた。弟とは作家の大佛次郎《おさらぎじろう》である。

中華街には先生おなじみの店が、確か関帝廟《かんていびょう》の近くにあって、そこで先生のご尊影《そんえい》を映したことがある。それが七二年の著書『鶴《つる》の舞《まい》』の口絵となった。いつものように和服にステッキをたずさえ、すらっと長身のお姿が目に焼きついている。そういえば洋服を着た先生というのをいちども見たことがない。

それと、中華が好きというわりに食が細かった。シュウマイを二、三個食べて、老《らお》酒《ちゅう》を飲むと、もういいです。あなたやりなさいよ――そういって箸《はし》をおいてしまう。お腹がふくらんで身体重くなるのをいやがったようだ。

そんな来訪が何回かあった。当時、プラネタリウム研究会が発足して身辺がバタバタしていた。おそらく先生はちょっと息抜きさせてやろうと誘ってくださったのだろう。だから仕事のことは一切ふれなかった。星の話もあまりなさらなかったと思う。昔の、明治時代の横浜のことを、断片的に語られていた。

野尻先生が御他界されたのは一九七七年十月三十日のことだ。奇《く》しくもその五日前には、作家の稲垣足穂《いながきたるほ》氏も亡くなっている。

先生はその前年十月に病に倒れて、二カ月間意識の戻らない状態がつづいた。ところが、ご家族が先生の枕元でツィゴイネルワイゼンをかけると、これに反応して突然意識を取り戻された。それから書斎《しょさい》へ向かい、一年ほどのあいだに『大泥棒紳士録』『星アラベスク』『星・古典好日』とたてつづけに三冊を著《あら》わされた。

生前、先生は「わしは死んだらオリオン座霊園にいくことになっている」といっておられた。そのおことば通りに、十月三十日深夜、オリオンの南中時刻に旅立たれたのである。

かわさき宙と緑の科学館で毎月投影する「星空ゆうゆう散歩」は、その一週間前にリハーサルをおこなっている。コンソールに立って番組の通りに投影機をうごかしてみるのだ。今月の話題「一等星をさぐる」は全天二十一個の一等星を追いかける。その最後のシーンで南緯三十三度、およそシドニーの位置まで緯度軸を変更する。

この位置からは天頂付近に逆向きのオリオンが見える。南極老人星カノープスも空高くにあって全天で二番目の明るさを誇っている。ケンタウルス座のα・β星、みなみじゅうじ座のα・β星、エリダヌス座のアケルナルもしっかり見えている。大小マゼラン雲の位置もいい。

ここからふたたび北緯三十五度五十二分、川崎市まで緯度上の旅をする。BGM、FO《フェイドアウト》、そして夜明け——

ひととおりの操作を終了して、リセットをおこなうとき、まだすこし時間があったのだ。それでふと、あの日の星空を見たいと思ったのだ。

それは造作《ぞうさ》もないことだし、いつでもできることだし、けれども、いちどもしたことはなかった。

西暦・月・日をパネルに打ちこむ。スカイラインON。星の数はほんのすこし絞ろう。

BGMはツィゴイネルワイゼン。

ふたたびドームが暗くなり、星が輝きを増してくる。そこでひと呼吸——

忘れ得ぬ記憶がひろがった。

天球は回り、星がふたたびめぐりあうように、人はいつか再会するだろう。

水野良平先生――、朝比奈貞一先生――、福見尚文先生――、村山定男先生――、小山ひさ子さん――、草下英明さん――、小林悦子さん――、

きっとおなじ空を見上げ、おなじ星を目指し、おなじことばで語らった仲間との時間は、いまも銀河の星のまにまに――

このなかにある。

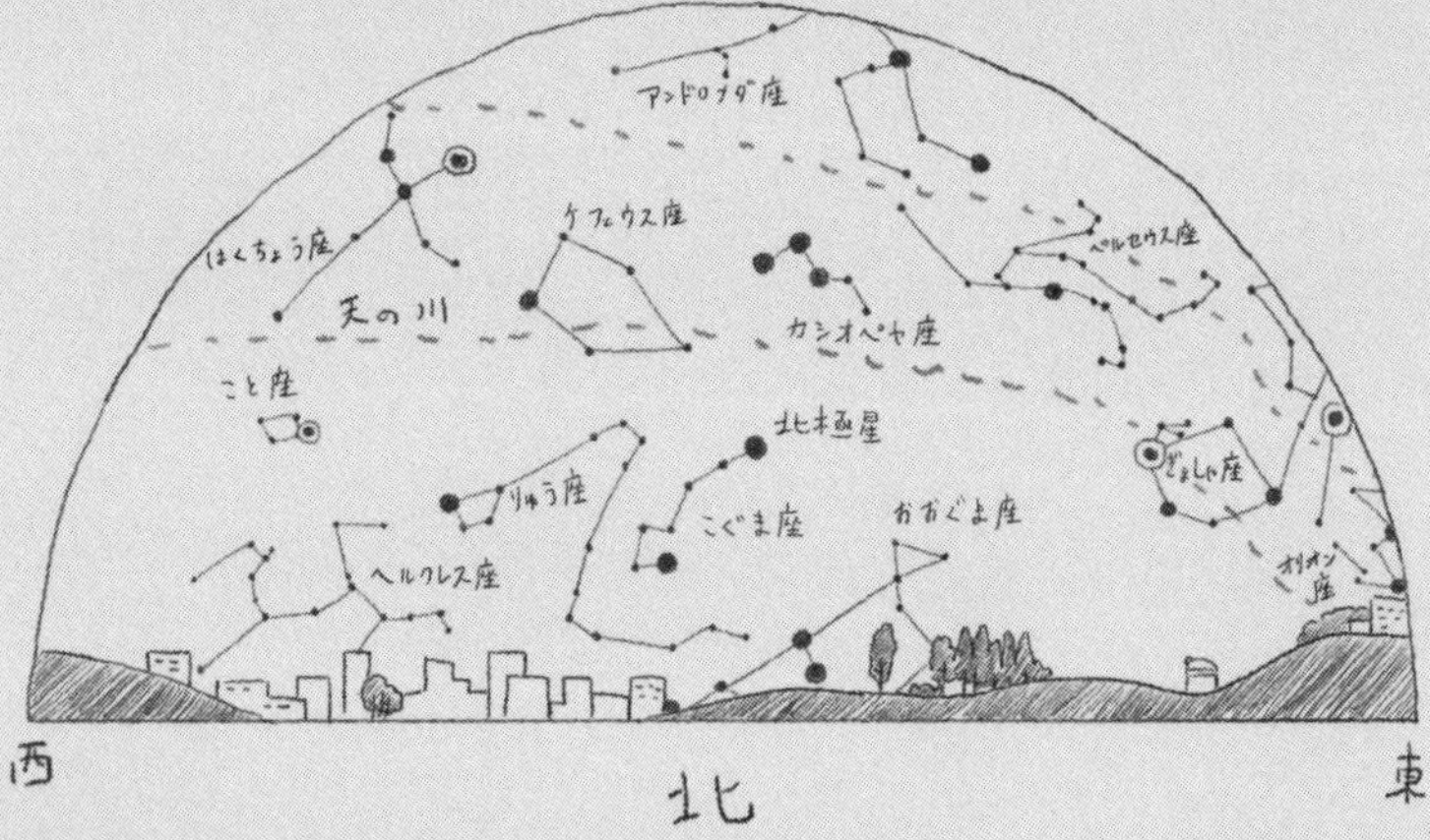

▲北の夜空

秋の話題　～星の子どもたち～

富士山頂へいってみましょう。あぁ　満天の星です。丸天井をあおいでください。すると明るい星　暗い星　いろんな星が光っています。とくに明るい星　二十個あまりを一等星と名づけました。それから二等星　三等星とだんだん暗くなりまして　私たちの目でやっと見える暗い星を六等星と呼んでいます。いま　この丸天井には一等星から六等星まで　合計して三千個近くの星が映っています。

それでは星空を見ていきましょう。

旧暦八月十五日の月が中秋の名月です。月見の行事は　中国の唐の時代からあったといわ

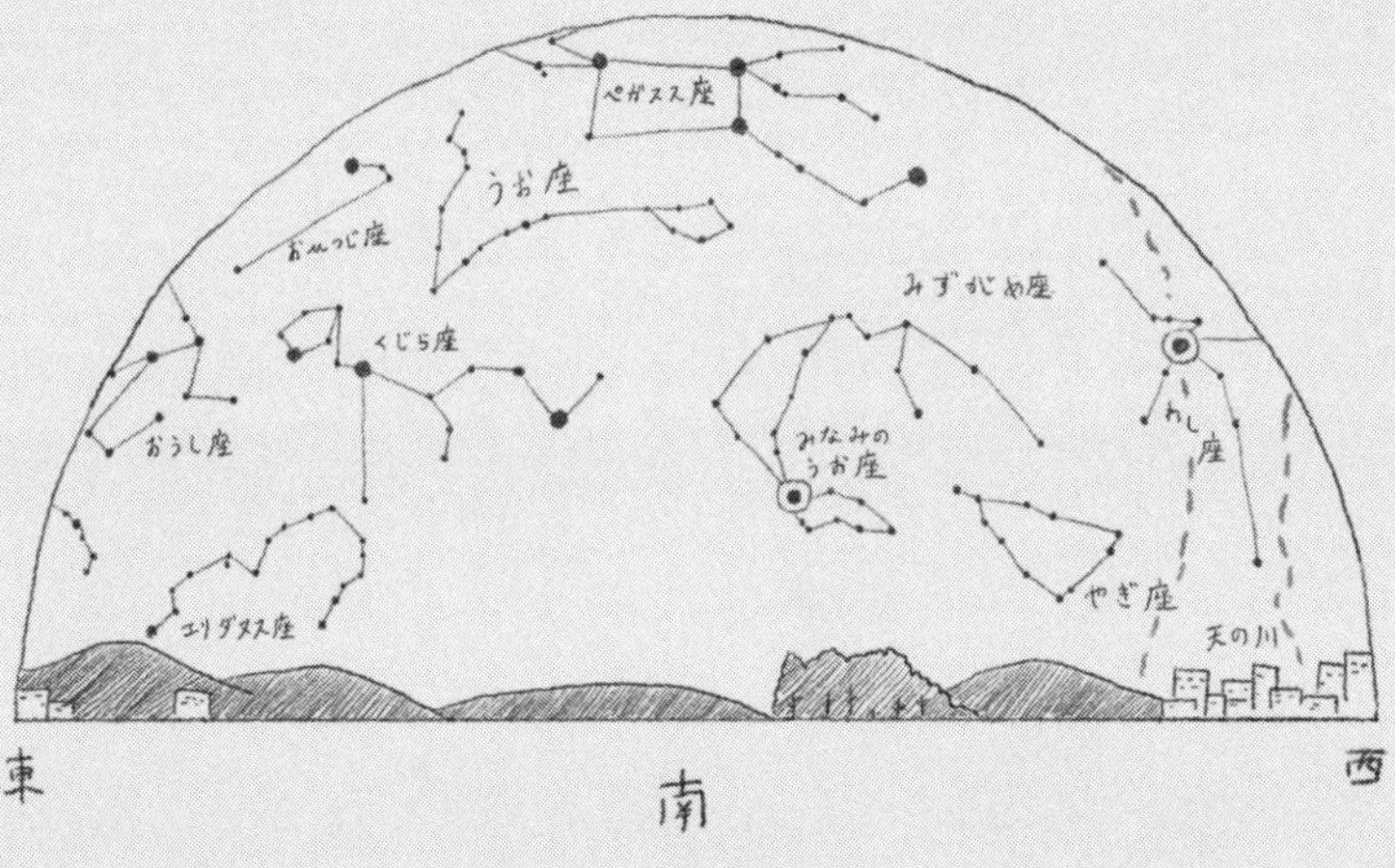

▲南の夜空

れ　九世紀ごろにわが国に伝えられて　宮中行事としておこなわれたことが　古い文献に見られます。

旧暦は十九年七閏《じゅん》法といって　だいたい三年に一回　閏月《うるうづき》を入れるので　中秋の名月は九月初旬から十月初旬までのあいだとなり旧暦八月が閏月になると　中秋の名月が二回となります。一九九五年がそうでした。

旧暦九月十三日の月を栗名月《くりめいげつ》といいます。中秋の名月に里芋を供えるのに対し　こちらは栗を供えました。中秋の名月は秋の長雨の時季にあたるので　醍醐《だいご》天皇が天候の安定した栗名月を見る宴をはじめたといわれています。

さて　秋風が吹いて　さそり座やいて座など　夏の大スターたちが西南の空にかたむき

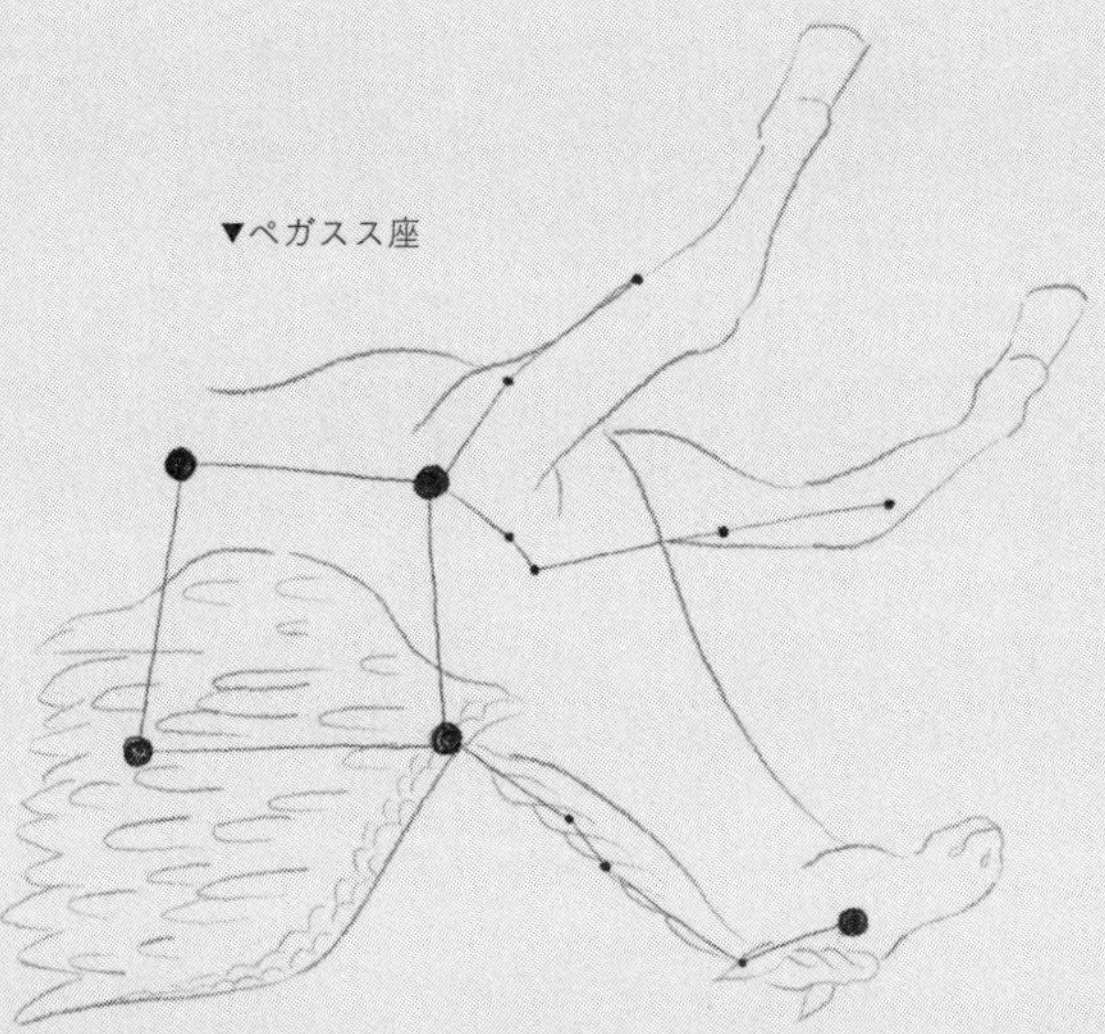

▼ペガスス座

秋の夜空はすこし　さびしい気持になります。明るい星がすくないこともありますが　北の空をごらんください。いつも見えている　あの北斗七星がありません。秋の一時期だけ　北斗は地平線の下に姿をかくしてしまいます。

　北斗七星と並んで　北極星の目じるしといえば　カシオペヤ座のWですが　こちらは頭上高く昇っています。でも　おやおや　Wが逆さまにMのかたちになっていますね。よく見る星のかたちがすくないことも　秋の夜空をものさびしくするのかもしれません。

　そんななかで　きわだって見えるのが　空高くかけるペガスス座でしょう。ひとつだけアンドロメダ座から借りてつくる四辺形は　秋のあいだ　ずっと空に輝きます。

アンドロメダ座M31銀河は　私たちの銀河系　それと大小マゼラン雲　さんかく座M33銀河などといっしょに　局部銀河群《きょくぶぎんがぐん》をつくります。アンドロメダ銀河までの距離は　およそ二三〇万光年ありますが　月のない晩にはぼうと白く靄《もや》のように見えるでしょう。肉眼で見える最もとおい天体のひとつです。

けれども　アンドロメダ銀河は秒速三百キロで銀河系に近づいていて　いまから四十億年ほどのあいだに　ふたつの銀河は衝突する運命にあります。そのときどうなるのでしょうか。衝突銀河のなかにクエーサーがうまれ　満月よりも明るく輝くともいわれます。ただし　未来の地球人は　その光景を目にすることはできないでしょう。老齢化した太陽により　地球上の生命は絶えてしまうと考えられるからです。

衝突銀河はめずらしいものではありません。おおきな望遠鏡ならば　秋の夜空にも見ることができます。うお座の方角　九千万光年先にあるNGC520は　私たち銀河系の未来の姿かもしれません。

うお座と　おとなり　みずかめ座にかけては暗い星ばかりで　とくにさびしい空ですが　一八七七年夏の夜半　ここにおおきな赤い星があらわれました。その年　西南戦争で自刃した西郷隆盛の霊が宿っている　西郷星《さいごうぼし》だと騒がれたのです。星のなかに陸軍大臣の格好をした西郷さんが見えると　人びとはうわさしました。西郷星の正体は火星です。この年　地球に五六三〇万キロまで大接近した火星は　光度マイナス二・五等に輝きまし

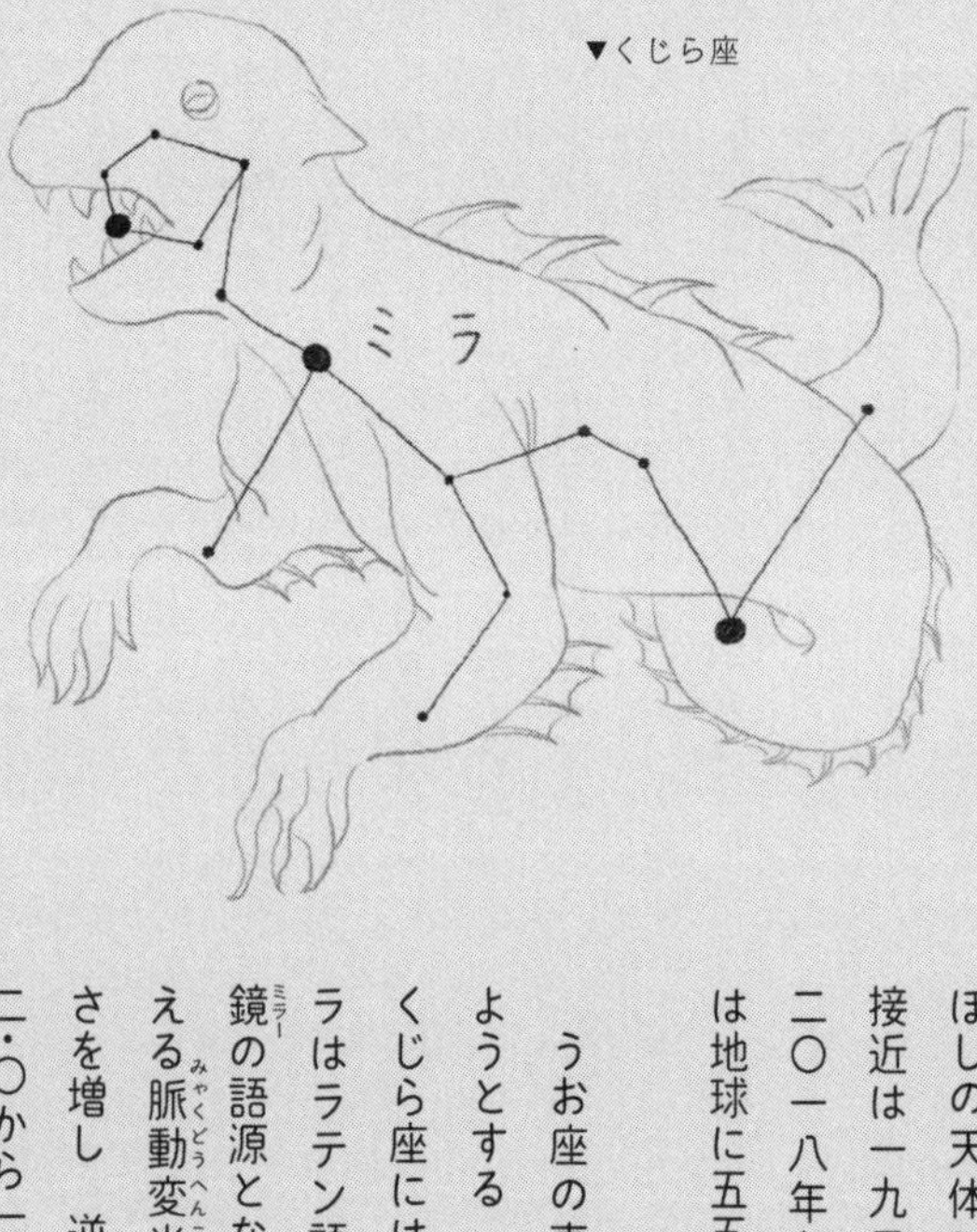

▼くじら座

た。黄道上の星座には　しばしば太陽系の星ぼしの天体ショーがめぐってきます。火星大接近は一九二四年　一九七一年　二〇〇三年　二〇一八年などもあり　とくに二〇〇三年には地球に五五七六万キロまで近づきました。

　うお座の東どなりに　アンドロメダを食べようとする　ギリシャ神話の化け鯨《くじら》がいます。くじら座にはとてもふしぎな星があります。ミラはラテン語で「ふしぎ」を意味して　これは鏡《ミラー》の語源となりました。この星はおおきさを変える脈動変光星《みゃくどうへんこうせい》で　収縮して熱くなると明るさを増し　逆に膨張すると暗くなります。光度二・〇から一〇・一等を　三三二日周期で変光しますが　周期はあてになりません。ふしぎな星ですからね。

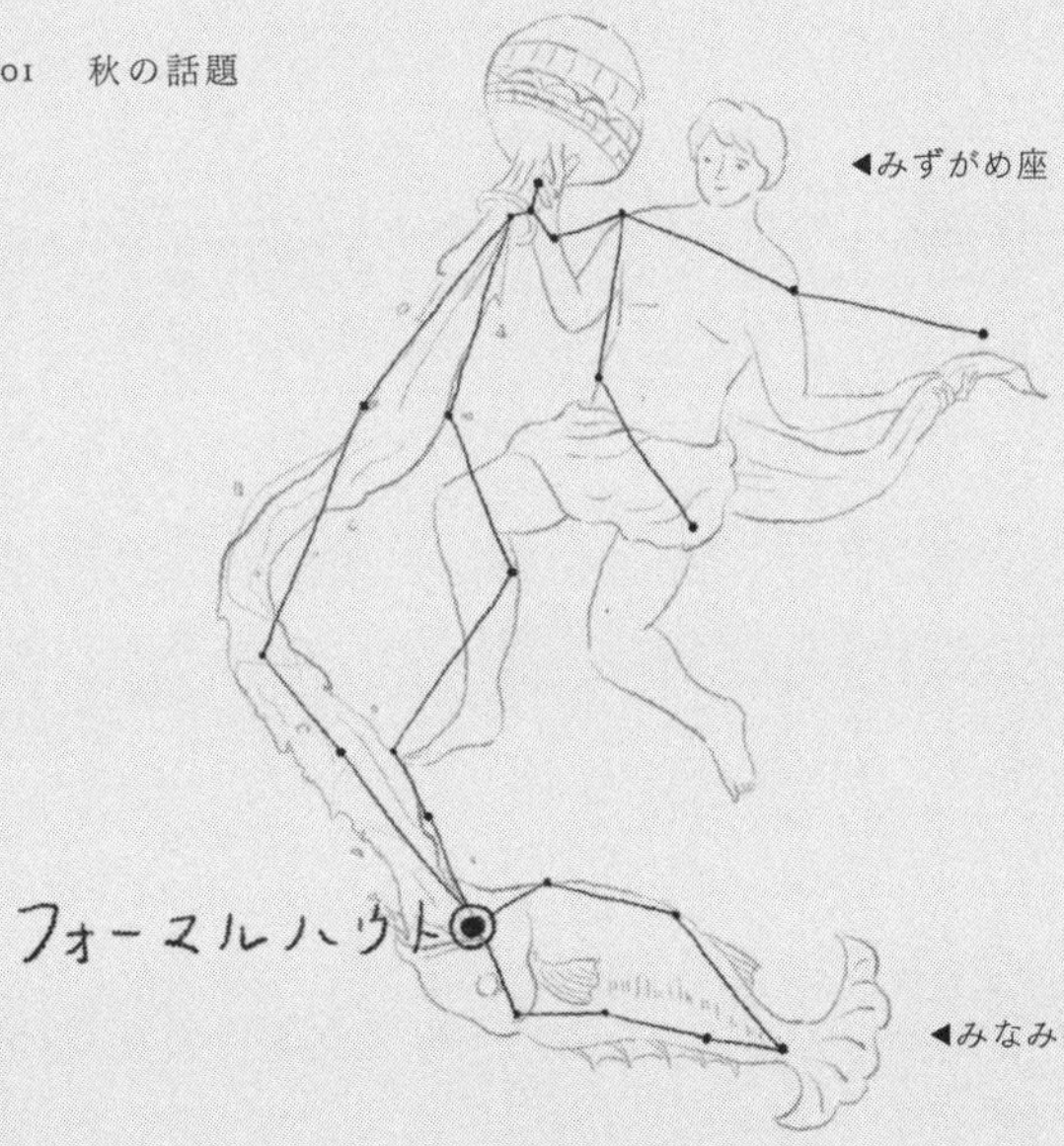

近年　ミラに全長十三光年におよぶ尾が発見されました。収縮のとき放出されたガスのようです。ふつうは星の周囲に取り巻くのですがミラは大変に速くうごく星で　そのためにこうした尾ができたといいます。

みずがめ座の瓶からそそぐ水を飲むのが　みなみのうお座です。そのくちばしに光るフォーマルハウト。秋の南天にただひとつの一等星は一人ぼっちの星の印象が強く　秋の夜空をいっそうさびしくさせるようです。

光度一・二等は一等星でも暗いほうで　白色の星なのに　地平低く光るため　何か赤みをおびて　いっそう目立たなくなっています。

秋のひとつ星フォーマルハウトを見ても

のさびしい夜空を感じるとき　なぜ星はこれほど人の気持をうごかすのだろうと思います。それはベテルギウスやアンタレスのような老人星にむしろ生命的なものを感じたり　あるいはオリオン星雲に　はるかとおい天体なのに　何となしになつかしさを覚えるといったのとおなじで妙な感覚です。でも　そう感じるのも無理はありません。なぜかというと　私たちはみんな星からうまれたからです。

お月見にそなえる団子をつくりましょう。材料は白玉粉と砂糖　それに水です。それらはお店でそろえることができますが　もしも一からつくろうとすると　すこしこみいった手順になります。幸いなことにデンプンは比較的単純で六個の炭素と十二個の水素　それに六個の酸素を用意すれば　かんたんにできるでしょう。ただし　家庭の台所では用意できません。これらの元素は　星のなかでつくられるからです。

宇宙のはじまり　ビッグバンがおきて　最初にできたのが水素で　星のもとになるガスやちりは　ほとんどすべて水素からできています。水素ガスがあつまって　うまれた原始星のなかで核融合が起こり　恒星として輝きはじめます。それは四個の水素原子核から一個のヘリウム原子核がつくられるとき　四個の水素よりも一個のヘリウムのほうが軽いためその質量の差がエネルギーとして放出されるからです。

恒星がじゅうぶんにおおきければ　内部にたまったヘリウムが　より重い元素をつくる

でしょう。水素がヘリウムに　ヘリウムは炭素に　炭素は酸素に　というふうに　星のなかで調理されるのです。そのとき　質量の差からエネルギーがだされるのですが　星のなかでうまれる　もっとも重い元素である鉄は　もはやエネルギーをだしません。これよりも重い元素となると　逆にエネルギーを与えないとつくれないのです。

やがて星は超新星となり爆発を起こします。そのときのエネルギーによって元素同士が結合して　鉄よりも重い元素がつくられました。そして　超新星爆発で星のなかの各元素が宇宙のあちこちに撒き散らされるのです。

自然界には九十二の元素が存在しています。世界のあらゆるものは　元素が組み合わさってつくられています。山や海　動植物　建造物に装飾品　お月見の団子もそうです。もちろん私たち人間も　星からうまれた元素でできています。みなさんのだれもが　かつて宇宙で輝いた星だったということです。

果てしなく　くりかえされる星の誕生と死は　終わりは始まりであることを教えます。その記憶は星の子どもたちである　私たちのなかに残されました。星への郷愁はきっと　そこからくるのでしょう。

空がだんだんと明るくなってきました。もうじき日の出です。あぁ太陽が昇ってきました。みなさん　おはようございます。

それでは太陽をむかえまして　今日もみなさん　お元気でお過ごしください。

みなさん　さようなら。

あとがき

河原郁夫先生はことし米寿を迎える。

「八十八＝米」のお祝いだけれど、天文ファンには八十八なら星座の数だ。ひそかにこれを星寿のお祝いとおよろこびし、このお目出度いさなかに先生の本を世に送りだせることに、おおきな幸せを感じている。

ほんらい本書は「聞き書き」としてまとめるはずだった。けれども、そうならなかったのは、この物語を読者により感覚的にお伝えしたいと考えたからだ。作品づくりの欲求もすくなからずあったにしろ、ちょっと混み入った書き方は、先生の話のなかに立ち上がる天文的風景をあますところなく再現しようと呻吟したことの所産である。

この本を書くために、昨年九月よりほぼ一年にわたり、「かわさき宙と緑の科学館」でおこなわれる月にいちどの番組解説のリハーサルにおじゃまさせていただいた。そのときじっくりと先生の話をうかがうのが取材目的をこえて至福の時間となった。「星空ゆうゆう散歩」とおなじ名調子で、日本のプラネタリウム黎明期について、さらに、さまざまな天文のお話をきくことができる。ファンの方々をさしおいて、先生をひとりじめするみたいで気が引けたけれど、投影室の外で先生が語られた、これはもうひとつの「ぷらべん」。星空のように広げて読者に見ていただくことが、とりもなおさず本書の眼目となった。

もしも文中の間違いや事実誤認があれば、それは私の認識不足に起因するものであり、文責はすべて筆者にあることをここで申し上げておきたい。

あれは一月のことだ。河原先生がベテルギウス爆発の話をされたとき、オリオンの一番星がなくなったら変だけど、その瞬間には立ち会いたいね——そんなふうに、編集者と私と三人で語らったひとときを、これから一生覚えている気がする。

刹那が永遠へとつながっている天文の世界。先生のプラネタリウム解説はいつも時間をこえる橋わたしをしてくださるのだ。

星好きの皆さん、そして、これから星好きとなる皆さんにとって、この本が天文の世界へでかける際のちいさなお供となれるなら、これほど嬉しいことはありません。

最後に、企画段階から取材までお世話いただき、脱線しがちな私をつねに軌道修正してくださった旬報社の熊谷満氏に心より感謝申し上げます。

冨岡一成

二〇一八年十一月一日

本書は河原郁夫先生への取材をもとに書かれていますが、執筆にあたっては、つぎの文献を参考にいたしました。

河原郁夫著『プラネタリウム解説法』一九七六年　㈱五藤光学研究所
河原郁夫著『新版・星空の話─天文学への招待─』一九九九年第二版　地人書館
草下英明著『星日記─私の昭和天文史[1924-84]─』一九八四年　草思社
野尻抱影著『星三百六十五夜』一九七八年　中公文庫
野尻抱影著『野尻抱影の本1　星空のロマンス』一九八九年　筑摩書房
野尻抱影著『星座　新天文学講座1』一九七〇年改訂五版　恒星社
石田五郎著『天文屋渡世』二〇一一年　みすず書房
小林悦子編著『プラネタリウムへ行きたくなる本』一九九二年　リバティ書房
水野良平著『宇宙の謎』一九六九年　大陸書房
岡村定矩・池内了・海部宣男・佐藤勝彦・永原裕子編『人類の住む宇宙　第2版』二〇一七年　日本評論社
ジョン・D・バロウ著・林一・林大訳『宇宙論大全』二〇一三年　青土社
本田成親著『図説宇宙科学発展史』二〇〇三年　工学図書
東京天文台『天文月報』一九五七年四月号
渋谷星の会『渋谷の一番星』第十三号　二〇〇五年

また、天文関係機関および個人のホームページに大変に勉強をさせていただきました。
この場をお借りして深く御礼申し上げ、勝手ながらアドレスを明記させていただきます。

東日天文館に関して
プラネタリウムのパイオニア★東日天文館　https://blog.goo.ne.jp/s13zeiss

東京天文台に関して
国立天文台　アーカイブ新聞　http://prc.nao.ac.jp/museum/arc_news/

天文月報に関して
天文月報バックナンバー　http://www.asj.or.jp/geppou/contents/index.html

五島プラネタリウムに関して
旧五島プラネタリウム投影機保存実行委員会　http://www.f-space.jp/bokin/

神奈川県立青少年センター
リーフレット索引　http://kanagawa-yc.jp/planetarium/kensaku/kensaku.htm

天文古書籍など
オーロラ誠ちゃんのオーロラ写真館　http://www.geocities.jp/ohrora_seichan/index.html
トランクの中の宇宙：天文古玩　http://mononoke.asablo.jp/blog/
いるか書房別館　https://irukaboshi.exblog.jp/i4/2/

天文ニュースに関して
AstroArts ホームページ　http://www.astroarts.co.jp/

城南大空襲に関して
大森町界隈あれこれ　https://blog.goo.ne.jp/hkanda_1933/e/d08dfcd4131609665310dd16ec524c3f

Profile

河原郁夫　かわはらいくお

昭和5年(1930)東京生まれ。

東京理科大学理学部物理学科卒。小学校4年生のとき、有楽町にあった東日天文館(のちに毎日天文館)のプラネタリウムに魅せられ天文の世界に入る。

戦争時代に少年期を過ごし、東京・城南大空襲の際は星の本を抱えて戦火をくぐり抜けた。戦後、渋谷の五島プラネタリウム創設に関わり、初代解説員として活躍。昭和37年(1962)から神奈川県立青少年センターの解説員と天文課長を長年にわたってつとめ、同時に多くの若手解説員を育成。「河原プラネタリウム学校」と呼ばれた。

定年後も同センターで解説をつづけ、平成24年(2012)かわさき宙と緑の科学館として改修後も、特別投影「星空ゆうゆう散歩」を毎月開催。88歳の日本最高齢プラネタリウム解説員として、味わい深い語りが天文ファンのみならず多くの人々を魅了している。みずからをプラネタリウム弁士、「ぷらべん」と称し、その人生はNHKをはじめ多くのメディアでも取り上げられている。

冨岡一成　とみおかかずなり

昭和37年(1962)東京生まれ。

小学校4年生のとき、渋谷にあった五島プラネタリウムと出会い、天文少年となる。大学卒業後、博物館学芸員、築地市場勤務などを経てノンフィクション作家に。近年はおもに歴史や食文化に関する著述をおこなっている。著書に『築地の記憶〜人より魚がエライまち〜』(共著・旬報社)、『江戸前魚食大全〜日本人がとてつもなくうまい魚料理にたどりつくまで〜』(草思社)など。

なお、このたび河原先生との出会いにより、かつての天体嗜好症が再発。その矢先に生まれてはじめてカノープスを見たことから、アマチュア天文家を目指そうと心に決める。

ぷらべん　88歳の星空案内人 河原郁夫

二〇一八年十二月二十日　初版第一刷発行

著者　冨岡一成
装丁・デザイン　Boogie Design
発行者　木内洋育
編集担当　熊谷満
発行所　株式会社 旬報社
〒一六二-〇〇四一
東京都新宿区早稲田鶴巻町五四四
電話　〇三-五五七九-八九七三
ファックス　〇三-五五七九-八九七五
ホームページ http://www.junposha.com/

印刷・製本　中央精版印刷株式会社

ISBN978-4-8451-1565-5